響生のこころ

川添泰信

永田文昌堂

母　行法院釋太美　七回忌

父　寶樹院釋忠泰　二十五回忌

法要の仏前に供す

はじめに

父　寶樹院釋忠泰は、令和四年（二〇二二）一二月に二五回忌、母　行法院釋太美は、令和五年（二〇二三）四月に七回忌となります。時の過ぎゆく早さにただただ喫驚の思いを禁じ得ませんが、両親の法要を機縁として、これまで寄稿したものや講演等でお話ししたことを一冊にまとめることにしました。各タイトルについては、寄稿や講演等の依頼の段階で大枠の題目があったり、また自由に決めることができたりと、さまざまであり、それゆえそれぞれのテーマは全体として不統一になっています。ただ本来真宗を学ぶという立場から、起稿の時点で考えさせられたことをまとめたものです。

見開きに父の絵像を載せました。この絵像について一言しますと、絵像は父の七回忌法要の時に奉懸したものです。通常、絵像を画くと同時に法名も書いてもらうのですが、私のたっての希望で、法名は母に書いてもらうことにしました。その経緯は、父の七回忌の法要が営まれるしばらく前に、出来上がった絵像を母の手元に届けました。しかし、法要の前日になっても、法名が書かれていなかったのです。母に「明日、法要だから、今晩中に法名を書いておいて」と頼んだところ、「いや、何度も書こうと思って、筆を執ったのだけれど、どうしても手が震えて書けなかった」という返事だったのです。それでも明日は法要で奉懸するので、今晩中に書いて欲しいと母に無理矢理頼みました。そのような状況の中で書かれたのが、見開きに掲げた父の絵像の法名です。「釋」と「忠泰」の字の大きさが異なり、また真っ直ぐではなく、右に少し曲がっています。絵像に父の法名を書くとき母がどのような思いだったのか、子としては母の気持ちを推し量ることはできませんが、父と共に、戦前戦中戦後、苦労をともにして寺院を護持し、人生を歩いてきた、さまざまな追憶の思いの中で書いたのではないか、と思っています。

なお、本文については旧稿のものもありますので、若干の修正を行い、さらに文中の出典は統一しました。ちなみに、書名の「響生のこころ」の「響生」は、一般的には「共生」と表記されるものですが、本書収載の「半身の死を生きる」のなかで言及したように、親鸞聖人と唯円房とのありようは、相互に影響を受け合う動的師弟関係であるとみられるところからつけたものです。

最後に、いつものことですが、現役の時もまた退職した後も陰に陽に支えてくれ、またこの度も校正等を手伝ってくれた妻、照代にただただ感謝です。

さらには、この度の出版を快く引き受けていただいた永田文昌堂主、永田悟氏に深甚の感謝を申しあげます。

令和四年（二〇二二）十一月一日

京都上桂の寓居にて

目次

聖典の略称

『浄土真宗聖典　註釈版』↓『註釈版』
『浄土真宗聖典　七祖篇』↓『七祖篇』

響生のこころ

一　未来に残すべきもの

1　未来とは

〈未来に何を残さなければならないか〉という問いに対して考えるとき、その問いの未来とは、どれほどの未来を思って言っている言葉なのでしょうか。仮にその未来を短期、中期、長期という基準で区別しますと、

短期……数十年、数百年
中期……数千年
長期……数万年、数億年

となるでしょう。ところで仏教では三法印の一つとして「諸行無常」ということ

が明かされています。それはすべてのものは変わっていくということであり、逆に言うなら変わらないものは何一つないということを意味しています。また親鸞聖人は『歎異抄』のなかで「よろづのこと、みなもつてそらごとたはごと、まことあることなき」(『註釈版』八五三・八五四頁)と言っておられます。それはこの世のものはすべて「うそ」「いつわり」であると言うことです。とするならば、私たちが何かを残そうとしてもそれは意味のないことであり、それゆえ何も残さなくてもよいようにも思えます。では先ずはじめに、この何も残さなくてもよい、ということについて考えてみたいと思います。

2　残したくないもの

先に未来について短期、中期、長期に分けて考えることができると言いました。では、それぞれについてどのように考えられるのか見てみたいと思います。

まず短期的未来についてですが、それは数十年、もしくは数百年の期間として考えられる未来です。具体的には子供、孫、曾孫等の子孫の時代です。このような未来とは極めて具体的な未来であり、そこで私たちが思うのは、一般的には子供、孫、曾孫等が苦労しないように財産を残してやりたいという思いでしょう。それは少しでも苦労がないようにとの願いの表れであります。しかし旧来「美田をのこさず」といったのは、我が子が自堕落になることを恐れてのことであります。もし人が生まれ生活し、そして死んでいくというだけであれば、人は本能的に己に執着し、そして己に執着するがゆえに己の子孫に美田を残そうとするでしょう。しかし、美田を残すという発想は自分の子供、孫、曾孫だけはという、限りなくエゴイスティックな心であります。そして「自分の」という、この個々のエゴイスティックな心が現代のさまざまな人間の問題を招いているのではないでしょうか。

さて、次に中期的未来ですが、これは数千年単位の未来です。ここでは短期的な未来に対して、もっと大きな視点で未来を考えることが出来るのではないでしょうか。すなわち、少し巨視的には未来に残すものとして、地球そのもののありようという答えが返ってくるかもしれません。それは人類が生存していくためということでありましょう。しかし、かつて次のような話を聞いたことがあります。地球そのものからいえば、人間の存在は無限に増殖する悪性の癌のようなものであり、地球自体からいえば人間はこの地球に存在しない方がよい、という話です。とするならば何かを残すというのみならず、人間そのものを残さないほうがよいということになってくるのではないでしょうか。

さて最後に長期的未来についてですが、それは数万年、数億年としての未来です。しかしこのような未来になると実感できないということと共に、中期の数千年の未来にも感じられる、地球そのものがないかも知れない、という思いがあり、そこでは未来に何かを残さなければならないという思いが実感としてない、というのが正直なところではないでしょうか。

3　残したいもの

このように考えてくると私たちは未来に何も残さなくてよい、という思いさえしてきますが、にもかかわらず果たしてそれでよいのか、という思いがし、逆に何かを残したい、と思います。では何かを残さなければならないと思うのはなぜでしょうか。それは何時いかなる未来においても、同じく悩み苦しむ〝いのち〟がある限り、それらの〝いのち〟の悩み苦しみを座視することができないからではないでしょうか。

では、なぜ〝いのち〟のあるところに悩み苦しみがあるのでしょうか。それは、いかなる〝いのち〟であっても〝いのち〟そのものは、その存続を願うものであるからです。しかし、われわれはいかなる〝いのち〟も永遠でないことを知っています。いわば〝いのち〟とは無限の願いと有限である現実の狭間の中にあるものです。したがってすべての〝いのち〟とは根源的に矛盾のなかにあると言うことです。

ここに〝いのち〟がある限り、何時いかなるところにおいても〝いのち〟そのものに悩み、苦しみがあるということです。

自らが仏となり、また同時にすべての〝いのち〟を仏とする大乗仏教の教え、それはまた親鸞聖人の教えであります。自らが仏となり、また同時にすべての〝いのち〟を仏にしたいと願うのは、悩み苦しむ〝いのち〟を座視することができないからでありましょう。すなわち、悩み苦しむ〝いのち〟を座視することができないということは、今の私たちは過去と現在と未来に対して責任を負っているということであります。自らが仏になるということは、どこまでも責任ある、強い心で悟りを求めようとすることであり、それはまたすべての〝いのち〟を仏にしようとする広く、優しく、他を思いやる心を包含するものであります。すなわち、過去と現実と未来に対して責任を持ち生きることの大切さ、それはいかにこの世が汚濁《おじょく》された世界であったとしても、否、汚濁された世界ゆえに悩み苦しむ、すべての〝いのち〟を仏にするという、親鸞聖人によって示された「ただ念仏」(『註釈版』八五四頁)の教えこそ未来に残すものではないかと思うことであります。

二　彼岸会に先祖を思う

1　彼岸会の光景

お彼岸になると、わたしの住んでいる近くの駅では、日頃は見ることのない長蛇の行列が見られます。それはお彼岸にあたって、山の手に大規模に開発された墓園へお参りする人々をシャトルバスでピストン輸送するためです。行列をつくりバスを待っている人々は、あたかも家族づれで春の行楽に出かけるかのような華やいだようすに、わたしの目には映ります。墓園に着けば、家族全員でお墓の掃除をし、ロウソク、お線香、お花をあげ、そしてお墓に向かって手を合わせるのでしょう。おそらくこのような光景は、ここ数十年前から、大都市近郊において見られる春・秋のお彼岸の毎年の光景であり、これが今日の日本のお彼岸のもっとも一般的な風景であろうと思われます。

2　供養の意味

ところで、人々は何のためにお彼岸にお墓参りをするのでしょうか。それは単なる日本的習俗としてのことなのでしょうか。とすればそこには何らの思いもなく、単なる慣習的行為ということになります。でも何らの思いも無いと言うことはないであろうと思います。やはりそこには縁のあった方への思いが少なからずあるからこそ、お墓参りをされるのではないでしょうか。では、縁のあった方へどのような思いがあるのでしょうか。よく言われることに先祖の霊が祟《たた》ってはいけないから、ということがあげられます。しかし現代人で、このような祟《たた》りがあると本気で思っておられる方は、全くおられないとはいえないかも知れませんが、おそらくはきわめて希ではないかと思われます。では、つぎに考えられるのは先祖のためにということを聞きます。しかしこれも亡くなった縁者があの世で困らないように供養をするのであるということを、どれほどの方が本当に思っておられるでしょうか。これもゼロではないかも知れませんが、限りなく少数であろうと思われます。このように見てくると彼岸会のお墓参りは何のために行われているのか、よくわからなくなってしまうのではないかと思います。

3　現代人の悲劇

妙好人と呼ばれた人に「くらしがよすぎりゃ、浮き世にのぼせ、大事な後生を、しくじるに」（小川仲造）という言葉があります。今日、現代人の悲劇は臨終にあると言われます。現代文明の技術力によって、生はより快適なものとなっています。いわば生において人間が望みうるものを可能な限り実現しようとしています。

現代文明はその技術によってこのことを実現しています。そして、美しく整備された公園のようなお墓は、現代人の悲劇を覆い隠すかのように、美しく化粧をしています。生のみを謳歌する者にとっては、お墓参りとしての彼岸の日は、避けることのできない悲劇性を象徴しているとも見ることができるのではないでしょうか。

私たちは、挨拶でも、手紙にでも「お変わりなくご健勝のことと思います」という言葉をよく使いますが、でも本当にそうなのでしょうか。ヒトは一時も変化していないことは誰しもが知っています。ではなぜこのように言うのでしょうか。それは変化を恐れるからでしょう。変化とは老であり、また病であり、そして死でありましょう。中国の古人は「年々歳々花相似たり、歳々年々人同じからず」(劉廷芝、六五一〜六七九)と言い残しています。彼岸会とは「人同じからず」の世界が厳然としてあるということを、改めて気づかされる日ではないかと思います。

4　彼岸会の意味

仏教で意味する彼岸とは、此岸に対する語であり、此岸がこの迷いの世界を意味するのに対して、彼岸とは、彼の岸、すなわち、苦悩無き悟りの世界のことです。それゆえ彼岸会とは、悟りの世界に向かう修会を意味していたものと思われます。これに対して春分と秋分の中日をはさんで前後三日間執り行われる彼岸会は、日本のみで見られる行事であり、それは日本的先祖崇拝信仰によって、お墓参りをするということ、すなわち先祖供養をするという意味に変化したものです。したがって本来全く別のものであり、今日行われる彼岸会の行事は、仏教と日本的先祖崇拝信仰が一つになった日本独特の慣習と言われます。では、この彼岸会を、今日生きる仏教徒として、どのように受け止めたらよいのでしょうか。お彼岸のお墓参りは単なる慣習ではなく、また先祖の鎮魂のためでもなく、さらには先祖が死後の世界で困らないように供養をすること等々でもないことは、いまさら改めて言うまでもないでしょう。とするならば、毎年巡ってくるお彼岸は、仏教徒としてどのような意味において受け止めたらよいのでしょうか。それはお墓参りをする人、その人自身のこととしてあることは言うまでもないことであろうと思います。すなわち、お墓参りをし、自らの先祖を思うことは、私に至る限りない無数の命を感じることではないでしょうか。それは私は単に一人の私としてあるのではなく、多くの命のつながりの中の私としてあるということを知るということではないか、ということです。そしてさらにこのことは単に過去の先祖との命のつながりを知ると言うことだけではなく、未来の命とのつながりをも見るということではないでしょうか。それは現在を生きる私は、過去と未来の命のつながりのなかの私としてあると言うことを知ると言うことであろうと思います。このことは、いわば過去への感謝とともに、未来への願いをもつ私として今の私があるということを意味しています。

親鸞聖人は「前《さき》に生《うま》れんものは後《のち》を導《みちび》き、後《のち》に生《うま》れんひとは前《さき》を訪《とぶら》へ、連続無窮《むぐう》にして、願はくは休止《くし》せざらしめんと欲す。無辺の生死海を尽くさんがためのゆゑなり」（『註釈版』四七四頁）と苦悩する命の救いをあかされています。そして妙好人と言われた人は、現に念仏する自身を「さいちは　どこにおる　浄土もろうて　しゃばにおる　これがよろこび　なむあみだぶつ」（浅原才市、一八五〇～一九三二）と詠っています。春のお彼岸にあたって、今一度彼岸会の意味を、自身のこととして受けて止めていきたいものだと思います。

三　一向専修ということ

1　ただ一つの難しさ

一向専修というのは、ただ一つのことをもっぱら修めるということです。浄土真宗では、自らの宗教的行いとして念仏のみを称えることを意味し、そのことは同時に阿弥陀仏一仏に帰依することでもあります。

ところで現代の日本社会は、物質的には手に入らない物はないくらいあふれています。望むならば、ありとあらゆる物を手にすることができます。それゆえ人々はあれもこれもと右往左往《うおうさおう》しています。

また宗教状況といえば、ダイレクトにあなたの宗教はとたずねられると、多くの人が無宗教と答えると思います。しかしその無宗教といった多くの人たちが、お盆やお彼岸にはお墓参りに行き、さらにはクリスマスを祝い、そしてお正月には何千万の人たちが神社仏閣に初詣に出かけます。このような日本人の宗教意識、行動は重層信仰といわれ、日本的特色ともいわれます。

いずれにしろ、われわれ日本人は物質的にも、精神的にも「あれも、これも」の世界にいるということだけは間違いがないものと思います。このような世界が当たり前の現代の日本人にとっては、ただ一つという考えは、取るべくもない選択方法なのではないかという気さえします。

2　生活実感とただ念仏

日常の生活で、ただ一つを選ぶということが困難となった現代人において、ましてや宗教的世界として、なぜ念仏のみの一向専修でなければならないのか、という問題は、なおさらその答えを見いだすことは大変困難といわなければならないでしょう。同じことは、なぜ坐るだけの坐禅なのか。またなぜ題目を唱えるだけなのか。さらにいうなら、なぜキリスト教はアーメンだけなのか、また、なぜイスラム教はアッラーの神だけなのか、ということです。

もちろん、浄土の祖師方は一向専修の理由について各々の考えを明らかにしておられます。親鸞聖人も、法蔵菩薩が願をたて成就した名号は真如《しんにょ》の真理がそのまま顕示したものであることを明かされています。念仏の真理性の主張は念仏が宗教である限り、きわめて重要であることは言うまでもないことです。しかしこのような問題は念仏者の生活実感の上からいうなら、およそかけ離れた問題と感じられるのも事実であろうと思われます。

3　機縁の大切さ

生活実感から言えば、一向専修のただ念仏の世界を選ぶということは、縁としか言いようがないものではないでしょうか。それは、周りの環境に左右される面が多いものと思います。でももちろん自らの選択による場合もあります。それでもその選択の機縁になったものがあったはずです。たまたま念仏者に出会ったとか、また本を読んだとか、です。それは人が意図してある世界ではなくて「たまたま」としかいいようのない世界なのではないでしょうか。もちろんそのような出会いがあったとしても、その人がその機縁を生かす準備ができているか否か、が重要であることは言うまでもないことです。機縁を受け止める準備ができていなければ、機縁は私のもとを沈黙のまま過ぎ去っていくのも確かです。いわば機縁を受け取れるか否かが、もっとも重要だということです。それゆえ親鸞聖人は念仏の世界に出会うことについて「遠く宿縁《しゆくえん》を慶べ」と言われたものと思います。このことは具体的には「前に生れんものは後を導き、後に生まれんひとは前を訪へ」（『註釈版』四七四頁）といわれるように人生の先輩、後輩が互いに縁をつくり、また伝えていくということの重要性をも明かしているものと思います。

4　一向専修の生き方

では具体的な一向専修の生き方とはどのようなあり方なのでしょうか。それは具体的には聞法《もんぼう》の生き方ではないかと思います。親鸞聖人は聞法について、

「聞《もん》」といふは、衆生《しゆじよう》、仏願《ぶつがん》の生起本末《しようきほんまつ》を聞《き》いて疑心《ぎしん》あることなし、これを聞《もん》といふなり（『註釈版』二五一頁）

と明かされています。すなわち聞とは、生死に苦悩するわれわれ人間を救うために仏の願いは起こされ、そしてその願いは、今、現に大いなる働きをなしている

ということを、疑いなく聞くことであると明かされています。そしてさらにまた蓮如上人は聞法について、

仏法《ぶっぽう》には世間《せけん》のひまを闕《か》きてきくべし。世間《せけん》の隙《ひま》をあけて法《ほう》をきくべきやうに思《おも》ふこと、あさましきことなり

（『註釈版』一二八〇頁）

と示されています。それは日常の生活の中において、たまたま用がないからお寺に説教を聞きに行こうとするようなものではなく、仕事があれば、その用事を段取りよく片づけ自ら時間を作って仏法は聞きに行くべきものである、との教えです。

妙好人といわれる浅原才市さんは、島根県の温泉津《ゆのつ》で船大工をされていました。才市さんの行状として、才市さんが仕事のために九州に行き、その地のお寺で法座が立つときには、船をつくる仕事の段取りをつけて法座を聞きに行ったと伝えられています。このような姿勢は、人生のさまざまな課題に対して、みずから問

題に臨もうとする積極的な生き方につながってくるのではないでしょうか。「獲《ぎゃく》得名号自然法爾《とくみょうごうじねんほうに》」として明かされた一向専修の念仏世界は、すぐれてアクティブにしてダイナミックな人生観の世界でもあるということです。

四　「ありがとう」のかたち

はじめに

「サンキュー」「ダンケシェーン」「謝謝」「おおきに」「お世話になります」「お手数をおかけします」「お礼の言葉もありません」「ありがたくお受けいたします」「お礼申し上げます」「痛み入ります」「恐れ入ります」「勿体ないことに存じます」「ご足労をおかけします」「恩に着ます」「お心遣いうれしく思います」「悦びに堪えません」「衷心より感謝申し上げます」

右にあげた言葉は、いずれも「ありがとう」の意をあらわす言葉です。何と「感謝」の思いを表現する言葉の多様なことでしょう。それほど私たちは日々

「感謝」の思いをもって過ごし、また時に応じて使い分けていることのあらわれだと思います。ところが近年、この「感謝」の思いについて少しばかり気になることを聞くことがありました。

1 「いただきます」の現実

かつてアメリカからの留学生に、食事をする際の「いただきます」を英語で表現すると、どのように言ったらいいのか、ということを質問したことがあります。その時の答えは英語では言いようがない、というものでしたが、あえて言えば、「サンキュー」か、もしくは「神への感謝の祈りの言葉かな」ということを聞いたことがあります。

日本では、一般的に食事の時に「いただきます」といってきました。しかしそれも近年は過去形でいわなければならない状況になっているのではないでしょうか。とくに外食をするときに、すべてとは言いませんが、ひとりでもまた家族でも、手を合わせて「いただきます」の作法をすることなく、食事を始めるのが実情ではないでしょうか。このような傾向は、近時は家庭の中でもみられるものでもあるだろうと思います。

ところで、少しばかり気になる話というのは、現代の食事の情景を反映しているのでしょうか、それは学校での給食に関わる話です。風聞なので実際の真偽のほどは分かりませんが、学校の給食の時、「いただきます」という言葉を子供に言わせないで欲しいという親からのクレームがあったというものです。親の言い分は、給食費としてお金を払っているのだから、わざわざ「感謝」をあらわす「いただきます」ということをいう必要はないというものです。

たしかに、親が子供に「いただきます」といわせないで欲しい、との主張は、経済的な意味では筋の通ったことです。しかし何か少し違和感を抱かれるのではないでしょうか。というのは、その言い分は、金銭のやりとりだけの話だけになっていて、人の命を紡《つむ》ぐ食べ物そのものがどのようにして成り立っているか、の問題は考えられていないからではないかと思います。かつていわれた、お米は、その字が示すように八十八ものたくさんの手間がかかっているから「米」と書くのだというような感謝を示す意味は全く除外視されているということです。いわばいのちの糧への感謝が見られないということです。それゆえ、私たちの日常生活の感覚として、私たちが生きているのは、単に経済的な論理だけではないという生活実感からくる思いがあるからこそ、何とも言われぬ違和感を感じるのだろうと思います。

2　真実の「ありがとう」

ところで次のようなことが書かれている文を見たことがあります。というのは日本での話ではなくて、日本人の生活習慣と極めて似通っていると言われるアジアの中の一つの小国であるブータンでのことです。経済的には決して豊かな国ではありませんが、経済的な豊かさよりも国民の幸福度をもっとも重要視する政策をとっている国です。その国に行った一人の日本人が、お寺でお参りをしたときに経験されたことを書かれたものです。

日本人の多くがお正月やお盆に神社仏閣に参詣します。その時にどのようなことを思ってお参りしているでしょうか。おそらく自分や自分の家族のことに関する願いを思ってお参りしているというのが真実のところであろうと思います。

ところで日本からブータンに行きお寺でお参りをされた方も、自分の健康と長寿を願ってお参りをされたのです。そしてそのとき同じようにお参りをされていたブータンの若い男性に、どんなことを願ってお参りされているのか、聞いてみられたのです。その答えが思いもかけず、「人も動物も虫も草も、みんなが平安であるようにお願いしました」というものだったそうです。それを聞いた日本の方は、自分のことしか考えずにお参りをしていた自分を振り返り恥ずかしい思いを感じた、というものです。

「ありがとう」の感謝も同じことではないかと思います。たしかに具体的には日々の生活の中の具体的な事柄に対して言っている言葉ですが、その日々の感謝は、人が今ここに生きている、生かさせてもらっていることに対する「感謝」に繋がっているものではないでしょうか。いわば本質的には人間のいのちの紡ぎを言い表しているということです。

3　最後の「ありがとう」

親鸞聖人は、「ありがとう」という思いを「如来大悲の恩徳は　身《み》を粉《こ》にしても報ずべし　師主知識の恩徳も　ほねをくだきても謝すべし」(「正像末和讃」『註釈版』六一〇頁）と示しておられます。それは私を支えている根源に対する「感謝」であり「報謝」の思いからいわれたものであろうと思います。それゆえ「身を粉にしても報ずべし」「ほねをくだきても謝すべし」と明かされたのであろうと思います。

近時、よく聞くように「あなたが生まれたとき、周りの人は笑って、あなたは泣いていたでしょう。だからあなたが亡くなるときは、あなたが笑って、周りの人が泣くような人生をおくりなさい」といわれます。出来るかどうかは別にして、人は人生最後の日、「ありがとう」の、かすかな微笑みと頷きとともに、自分の人生に、さらには自分を生かしてくれたすべてに「報謝」の思いを持ってお別れをしたいものです。

五　二河白道《にがびやくどう》の教え—確かな生き方—

1　確かなものを求めて

寺院を見学に行きますと、ときおり玄関の上がり口に「脚下照顧《きやつかしようこ》」と書いた注意書きがあります。それは段差があるので足元に注意してください、という意味でおいてあるものです。しかしその本来の意味は、自分の依って立っているものは確かなものですか、しっかり見つめてください、というものです。

私たちは日々前を向いて人生を歩いています。具体的には明日を、一週間先を、一ヶ月先を、一年先を、さらには十年先をと、つねに前をみて生きています。人のそのような生き方において、今現在の真実の姿を本当に知ることができるのでしょうか。「一寸先は闇」といわれますが、本当に私たちは自身の存在を「一寸先は闇」と思っているのかということです。言葉を換えて言えば、今、現に生きている私たちは間違いなく確かなものなのか、ということです。このような人間の現実の姿とその歩むべき道を譬喩によって示されているのが善導大師の二河白道の教えです。

2　一人の旅人

善導大師は念仏者のありようを巧みな譬えによって明かしています。それは一人の旅人によって譬えられるものです。無人の広原を歩いてきた一人の旅人の目前に、忽然《こつぜん》として危険きわまりない火の河、水の河が横たわっていました。そして背後には旅人をおびやかす群賊悪獣《ぐんぞくあくじゅう》が迫っています。河には東から西へ、幅四、五寸（約一〇cm、拳ほどの大きさとも言われる）の一本の白い道があり、その白い道を旅人が渡って行くというものです。

誰もいない広原を行く旅人は、お経には「独り生れ独り死し、独り去り独り来る」(『大経』『註釈版』五六頁)といわれるように、ただ一人の人生において、真に自身を導いてくれる真実の師に出会うことがないということです。さらに火の河、水の河とは人間の怒りや欲望を意味しています。仏教では人間を「凡夫」といいます。凡夫とは死ぬまで、怒り、腹立ち、そねみ、ねたむ心がなくならない存在であるということです。人間は自分に不都合な場合、その都合の悪い相手に対して怒りをもち、また自分の欲しいものに対して果てしのない欲望をもちます。そのために、生ある限り、一瞬たりとも止まることのない苦悩を感じるのです。煩悩に惑わされるために真実なるものを求めることなく、人生を苦悩のなかに、ただただ無意味に過ごしているのです。そして旅人の背後に迫る群賊悪獣の群賊とは、真実の教えに対してよこしまな考えをもち、人々を惑わすものをあらわしています。また悪獣とは悪しき人間の五感的感覚を意味します。私たちは日々の生活のなかで、ともすると楽しみを求める余り、自身を見失うことが多々あります。このような人生を生きているのが凡夫であるといわれているのです。そのような凡夫に対して、釈尊がこの世に出られ、苦悩に沈む私たちに対して真実の教えを説かれたのです。そして阿弥陀仏がさまざまな苦悩に責められている凡夫に対して、「なんぢ一心に正念《しょうねん》にしてただちに来《きた》れ、われよくなんぢを護《まも》らん」（『註釈版』二二四頁）と呼びかけられているのです。ここに釈迦はこの娑婆の世界において西方浄土に往生することを勧め、また阿弥陀仏は西方の浄土から私たちを救おうとして呼びかけられているというのです。

3　ともに今を生きる

この譬喩はまさに念仏者の歩みを示しています。東の岸として示される娑婆世界に生きる人間は、行くも、とどまるも、退くも死であるという三定死《さんじょうし》の無常性に目覚めなさいということです。蓮如上人は「われや先、人や先」（『註釈版』一二〇三頁）といわれ、「朝《あした》には紅顔《こうがん》ありて、夕《ゆうべ》には白骨となれる身なり」（『註釈版』一二〇三頁）と示され、「人間のはかなきことは老少不定《ふじょう》」（『註釈版』一二〇四頁）と教えられました。それは人間の存在はどこにも確実なものはないということです。私たちの生がいかに不確かなものであるかということは、なかなか実感しがたいものです。それは自己の生命が危機にさらされるような不慮の事が我が身に起こった時に初めて気がつくというのも事実でしょう。しかし譬喩に三定死と示されるように、私たちの存在はつねに危機に面しており、それはまさに私たちの日々のありようを示しているということです。それゆえ、釈尊は真実の教えを説かれ、さらに阿弥陀仏は西方の浄土へ誘《いざな》い、釈迦と阿弥陀仏が二尊一致して、念仏者は浄土往生への道を歩むことを教えられているのです。いわば、白道とは人間のむさぼり、怒りのなかにあって、なお清浄なる歩むべき信心の道を象徴的にあらわしているものです。親鸞聖人はこのような信心のありようについて、

善導大師証をこひ　定散《じょうさん》二心をひるがへし　貪瞋《とんじん》二河の譬喩をとき　弘願《ぐがん》の信心守護せしむ

（『註釈版』五九〇頁）

と詠われています。私たちがいる次の一瞬を含めて、明日という世界が不確かであるということに気がついた時、今ここにある私がいかに大切なものであるかということを教えられると思います。このように現在のただ今がかけがえがないと知った時、今ある私はかけがえのない存在であるということになると思います。そして今の私がかけがえのないものであるなら、おなじように他の存在もかけがえのないものとなるということです。このような存在が念仏者であるということです。それゆえ、善導大師の二河白道は、今現在、人生をいきるすべての人間の真実への歩みを教えているということができます。

六　信心をうれば暁になるがごとし

はじめに

「信心をうれば暁になるがごとし」の文は、「正信偈」の「已能雖破無明闇《いのうすいはむみょうあん》」（『註釈版』二〇三頁）の理解として『尊号真像銘文』（『註釈版』六七二頁）に親鸞聖人が示されたものです。意味は「信心をえることは、夜明けを迎えるようなものである」ということです。これは信心のありようを比喩的に示されたものですが、その内容は、「摂取心光常照護《せっしゅしんこうじょうしょうご》」（『註釈版』二〇三頁）の理解によってより明瞭になります。この文について親鸞聖人は「信心をえたる人をば、無碍光仏の心光つねに照らし護りたまふゆゑに、無明の闇はれ、生死のながき夜すでに暁になりぬとしるべしとなり」(『註釈版』六七二頁)と示しておられます。意味は「無礙光仏の智慧の光明は、信心をえた人を常に照らして護られるので、無明の迷いの暗闇が晴れて、生まれ変わり、死に代わりする、迷いの長い夜が、すでに夜明けになっていると知らなければならない」ということになります。端的にいうなら、信心の人は迷いが晴れているということです。

1　氷と春

親鸞聖人が示される信心の人は、迷いが晴れているということでした。では、このことを現代に生きる私たちは、すなおに理解することができるでしょうか。いわれることは理解できるが実感がない、というのが正直なところではないかと思います。それはなぜなのでしょうか。

かつて次のような新聞の記事を見たことがあります。それは、「氷」がとけたら何になりますか、という小学校のテストで、一人の少女が、「氷」がとけたら「水」になるではなく「春」になると答えたという話です。残念ながらテストでは不正解となり、理科の点数は八五点だったということです。なぜ「春」になると答えたのかについては、子ども時代、クロッカスの球根を鉢植えにして育てており、「春」になると真っ先に球根の上の冷たい雪がとけ、こんもりとした小さな地面が見え、やがてあざやかな緑の美しい芽がでてきます。そんな情景が答えになったのだろう、というものです。

2　二つの見方

私たちは、ここに二つの思考を見ることができるのではないでしょうか。一つは「氷」がとけたら「水」になるということであり、もう一つは「氷」がとけたら「春」になるということです。最初の見方は、物が変化することを端的に表した科学的思考といってよいでしょう。今ひとつの見方は、物の変化の意味を示した感性的思考といってもいいと思います。そしてこの二つの思考は、ともに一つの事実に基づいた見方であるということです。それは見方が異なっているということであり、どちらが正しいというものではなく、異なった視点から見た理解であるということです。しかし残念なことに、私たちはこの二つの見方がともに一つのことを示しているにもかかわらず、はじめの「氷」がとけたら「水」になるという見方しか理解できないようになってはいないでしょうか。現代のわれわれは科学的見方にのみ慣れ親しんで、今ひとつの「氷」がとけたら「春」になるという見方をいつしか忘れ去っているのではないかと思います。今日のわれわれは、人類そのものが知性の追求によって人間は人間として存在することができてきたのですから、科学的思考を否定することはできません。しかし人間の存在を根底から見つめるとき、その有限性、不確実性を認識したとき、科学的思考のみで人間は十分であるということはいえないと思います。科学的知性のみが闊歩《かっぽ》する現代であればこそ、感性的理解、宗教的理解の重要性が叫ばれなければならないのではないかと思います。

3　信心と暁

「氷」がとけたら何になる、の「氷」を人に置き換えてみたいと思います。するとどのようになるでしょうか。人は生まれ、成長し、老い、そしていつかはこの世を去らなければなりません。このことは「氷」が「水」になるとする理解でいえば、灰になり土に帰るということになると思います。また「春」になるという理解でいえば、同じように人は生まれ、成長し、老い、やがて臨終を迎えるということになります。このことを「春」になるという視点からいえば「あるべき美しい姿」になるということではないでしょうか。しかもこの二つはともに、人間存在の事実を示しています。それゆえどちらの見方をするかは自由であるといわなければなりません。ただ人生の畢竟処《ひっきょうしょ》が灰であり土であるというのはあまりにも寂しいことではないでしょうか。私たちの人生はもっと意義あるべきものであり、人生の行き着く世界は、あるべき姿、望まれる世界、願われる境地、すなわち清浄なる悟りの世界でなければならないと思います。人間は「生かされて生きる」存在だといわれます。「生かされて」というのは「春」という視点から見られた世界であり、また「生きる」というのは「水」と理解する視点から見られたものであろうと思います。そして「生かされて生きる」ということは別々のことではないということです。人間の一つのあり方を異なった視点から示しているということです。「信心をえたならば迷いの世界が晴れて悟りの暁を迎えるということであることをしるべきである」と示されるのは、「生きている」と「生かされている」が一つの世界であると気がついたときに見いだされる世界ではないかと思います。このように理解するとき、はじめて親鸞聖人の「信心をうれば暁になるがごとし」の教示の一端が領解できるのではないでしょうか。

七　よるひるつねにまもるなり

はじめに

いまから五〇年以上も前のことになりますが、幼少時の正月の思い出といえば、大晦日《おおみそか》の夜は、真新しい服と、これまたおニューの下着を、自分の寝る枕もとに揃えてやすむのが習慣でした。明けて元日の朝、目が覚めるとまずはじめにすることは、朝風呂に入ることであり、この元日の朝風呂にはいる習慣は、五〇年あまりたった今日でも、私の正月の習慣として残っています。そして準備していた新しい下着と服に着替えて、家族がそろうと本堂で朝のお勤めを行いました。これがいわゆる修正会《しゅしょうえ》と言われるものですが、ただ幼い日々のことであり、どのようなお勤めをしていたのかは、今となっては記憶にありません。多分、日々のお朝事と同じように「正信偈」に六種引《ろくしゅびき》（六首の和讃）のお勤めをしていたのであろうと思います。そしてお勤めが終わると、ようやく食事をすることができたのです。元旦のおせちは、子どもといえども足つきの朱塗りのお膳が一人ひとり並べられ、上には豪華な料理が並べられていました。年によってはお膳の上に雑《ぞう》煮《に》等の料理と共に、子どもにとっては当時ごちそうであったバナナが一本ずつ飾られていたのを記憶しています。そして家族全員がお膳につくと、そこでやおら兄弟姉妹が年の順番に父親の前にすすみ、一言、父親から一年の計の言葉があり、そしてお年玉がわたされるというものでした。それは毎年繰り返される家族の行事であり、私のこのようなお正月の行事の記憶は、現在では数少なくなった家族の正月の情景かも知れませんが、今日でも、毎年数千万の人々が神社仏閣に足を運ぶということは、新年の日本の作法であったのではないかと思います。

1　修正会の起源と意味

修正会とは、元日、もしくは三ケ日あるいは七日の間つとめられる法会です。それは『辞典』によると、毎年正月に、前年の悪しきものを正し、その年の吉兆《きっちょう》を祈って寺院で勤修《ごんしゅう》されるものです。その起源はずいぶんと古く、今から千二三百年あまり前に、朝廷および奈良の東大寺、さらには京都の東寺、また今は寺跡のみが残されている西寺で七日間の悔過《けか》法を行ったことが起源であるといわれています。そしてその後はおのおのの諸大寺で行われたものだそうです。ところで「悔過」とは、中国で行われていた懺法《せんぽう》と同様の行儀であり、仏前において身口意の三業の罪過《ざいか》を悔い改め、五穀豊穣等の利益を求める儀礼のことです。今日では年頭に当たり、心新たに、その年の目標をたてて、仏道の生活に望む決意をすることであると言われています。

以上のような意味で行われていた修正会ですが、浄土真宗においては、蓮如上人の山科本願寺のころから、七日間の法会が行われ、後には年頭の行事として勤修するようになったといわれています。ただしその意味はもちろん国家安泰を祈願するものではなく、年の初めに当たり、真宗者の念仏生活の第一歩として、仏恩報謝・仏徳讃嘆の思いを新たにする法会であります。

2　修正会と現世利益和讃

ところで本願寺派の寺院では修正会において、親鸞聖人の和讃である「現世利《げんぜり》益《やく》和讃」をお勤めとしてあげる慣習があります。いつ、どこで、どのような理由で行われるようになったのかについては明確ではないようですが、いまでも寺院によっては修正会に「現世利益和讃」をお勤めとしているところがあります。知り合いのお寺の修正会の行事についてお聞きしたところ、今日では以下の様な作法で行われると言うことです。それは『正信偈』、「現世利益和讃」十五首、『十《じゅう》二礼《にらい》』であり、三ケ日のお朝事と夕事に努めるということなので、計六回ほどあげられると言うことです。しかもその節は独特であり、元になった節があるかどうかは不明ということです。またその由来は正確には不明ですが、明治期あたりからの慣習だということです。寺院でのお勤めは各々によって若干の違いはあるにしても、通常、親鸞聖人が作成された『正信偈』に続いて六首の和讃をあげられますが、修正会で「現世利益和讃」があげられるのは日常とはやはり異なった作法であるということができます。

3 「よるひるつねにまもるなり」の意味

ではなぜ修正会に「現世利益和讃」をあげるのでしょうか。先人が明かした「元旦や　冥土の旅の　一里塚」ということは、有限な生を生きる人間にとっては、普遍的な真理ということができるでしょう。浄土真宗においては、一年の始まりに当たり「念仏を正しく身に修める法会」とされています。私たち人間は、生ある限り三六五日の一年間、一日も休むことなく「無明煩悩われらが身にみちみちて、欲もおほく、いかり、はらだち、そねみ、ねたむこころおほくひまなくして、臨終の一念にいたるまでとどまらず、きえず、たえずと」(『一念多念文意』『註釈版』六九三頁)と親鸞聖人が明かされる煩悩の日々を送っています。たとえ大晦日に除夜の鐘をついて百八つの煩悩をなくすということが言われていても、本当に煩悩をなくすことはできません。蓮如上人は、「あら玉の　年のはじめは祝とも　南無阿弥陀仏の　こゝろわするな」(「蓮如上人和歌集成」『浄土真宗聖典全書』五　相伝篇　下　一〇九二頁)と詠われ、新年が本当の意味の新年になるのは、念仏があればこそであると教えられています。したがって真宗における修正会の意味は、一般に言われる現世利益である自己の欲求を求めることに対して、浄土真宗には阿弥陀仏より賜った念仏に自然に具わる利益があるのだということを、ご門徒の方と共に味わう、というのが目的ではないでしょうか。また、浄土真宗における現世利益と、世間一般のそれとは明確に異なるのであるということをはっきりと確認するためでもあるのではないか、と思います。

親鸞聖人が作られた「現世利益和讃」一五首は、いずれも仏以外の存在が、「よるひるつねにまもるなり」（『註釈版』五七四・五七五頁）と象徴的にいわれるように、念仏者を常に守るものであるという趣旨で示されています。それはお正月にさまざまな形で神仏に祈願する日本人の一般的風潮について、真実の現世利益とは、人間が自己の欲望を満足させるために、様々なことを祈願請求するようなものではないということを示されているのでしょう。と同時に、念仏者はさまざまなものによって守られるほどの価値ある存在であり、それは「弥勒と同じ」「如来と等しい」ほどの尊い存在なので、それゆえ何物も恐れる必要がないと言うことを教えられているのであろうと思います。親鸞聖人が「現世利益和讃」を作られ、また今日「現世利益和讃」があげられる意味は、真実の現世利益を教えることによって、一般的なお正月に神仏に祈願する自己欲求的な利益とは異なっていることを示すと共に、より積極的には念仏者は、なにものも恐れることがない無碍の一道を歩む存在であることを教えられているのであろうと思います。

八　優しい光

はじめに

私たちの生活は光に満ちあふれています。それは電気という光です。トーマス・エジソンが開発した生活に役立つフィラメントの白熱電球によって、私たちの生活は劇的に変化したと言うことができるでしょう。昔の人は日の出とともに起き、日没とともに仕事が終るという生活でした。ところが電球の明かりによって夜の活動が昼間と同じようにできるようになり、人間の活動が飛躍的に広がったのです。今日、電気の明るさのおかげで、私たちはより便利で快適な生活を送ることができるようになりました。でも翻って考えてみると、現代人は、電気の明るい生活を手に入れることができた反面、小さなローソクやわずかな油の灯芯で作り出されていた、かすかな陰翳の世界を失くしてしまったのではないでしょうか。

1 輝く大仏

「西遊記《さいゆうき》」のモデルにもなった中国の唐代の訳経家である玄奘三蔵《げんじょうさんぞう》の旅の記録である『大唐西域記《だいとうさいいきき》』には、インドへの途中、アフガニスタンの断崖に造られた五五メートルの大仏を見て、その姿は赤金色に輝いていたと記録されています。巨大な大仏が赤金色に輝いていたことを想像すると、当時の人々の仏に対する思いが、いかに偉大な存在として見られていたかということが伺われます。

奈良の東大寺にある大仏、正確には『華厳経』に明かされる毘盧遮那仏《びるしゃなぶつ》、すなわち大日如来という仏です。しかも建造時の大仏は、今日のように黒みがかった姿ではなく赤金色に輝き、お堂の覆いも無く大地に鎮座しておられたということです。東から昇る朝日に照らされる姿、日中の頭上からさす太陽の光に照らされる姿、西に沈む夕日に照らされる姿、また夜の月に照らされる姿等々は、大仏の表情を千変万化させていたものと思われます。すなわち昔の人は、現在の動きのない静止画のような大仏を拝見していたのではなく、時々刻々に変化する大仏を見ていたということができます。

2　揺れ動く尊顔

わたしは数十年前の若い頃に、次のような経験をしたことがあります。それは昔の人はどのように仏像を見たのかを体験しようという趣旨のもと、宇治の平等院鳳凰堂《ほうおうどう》の阿弥陀仏を夜に拝見するというものでした。夕方、宇治川のほとりの料理屋さんで夕食をとってから、観光客がいなくなった平等院を訪ね、そしてすっかり夜のとばりが降りた中、鳳凰堂の阿弥陀仏を拝見したのです。その時の明かりは二本のロウソクのみであり、それゆえ見えるのは薄らぼんやりと灯される阿弥陀仏の尊顔《そんがん》であったのです。しかもロウソクの明かりはたえず揺らぎますので、一時もとどまることのない陰翳《いんえい》の尊顔です。その尊顔をみたとき、阿弥陀仏は生きてそこにおられるように見えたのです。

篤信の念仏者として有名な讃岐の庄松《しょうま》さん（一七九九〜一八七一）の逸話に、次のような話があります。それは、夏の暑いときに自分の家のお仏壇から絵像の阿弥陀仏を取り出して、「さぞかし暑いでしょう。少し涼んでほしい」と言って、風通しのよい縁側の廊下に阿弥陀仏の尊像を吊したというものです。それは庄松さんにとって絵像の阿弥陀仏は単に紙に書かれた絵像ではなく、今ここに生きておられる仏として見られていたからだと思います。庄松さんにとって絵像の阿弥陀仏は、まさに『阿弥陀経』に明かされる「今現在説法」（『註釈版』一二一頁）の阿弥陀仏であったのです。

3　生きている阿弥陀仏

昔の人にとって、仏は日々の生活の中にあったのです。現代人が博物館等で拝見するスポットライトに照らされた仏は、動きのない仏であり、そのような仏は決して生きておられるとは感じないでしょう。変化する光の中にある仏であればこそ、躍動感に満ちた仏と受け止められるのではないでしょうか。私たちは電気という光を得たことによって、生きた仏を失ってしまったのではないかと思います。

念仏を喜んだ妙好人に山口県の六連島《むつれじま》にお軽《かる》（一八〇一～一八五六）という方がおられました。このお軽さんの詩に、

鮎は瀬にすむ　小鳥は森に　わたしゃ　六字の中にすむ

があります。お軽さんは、六字の念仏の世界に住んでいると明かされています。つまり、私たちが失ってしまった仏は六字の念仏とともに、さらに言うなら私の称える念仏の声とともに、今、私を包み込んでいるということを実感しておられるのでしょう。それは空気が私たちを包み、私たちを生かしていると気づかないことと同じではないでしょうか。私たちが、空気に感謝することはありません。しかし空気は私を包み、私を生かしているのも事実です。お軽さんにとって仏は今ここにおられ、私はその仏に包まれているものであったのです。

また妙好人として有名な島根県温泉津《ゆのつ》の浅原才市さんの詩に、

わたしゃ　極楽見たこたないが　声で楽しむ南無阿弥陀仏

があります。才市さんは、念仏の中に浄土や阿弥陀仏、すなわち永遠に消えることのない智慧の光を感受しておられたのでしょう。それは若かりし頃に懐いた未来に対する希望の光とは異なって、今、私がここにいることへの感謝の思いを懐かせ、私をそっと包み込む念仏の声であり、優しさに満ちた穏やかな阿弥陀仏の光だったのではないかと思います。

九　世の盲冥《もうみよう》をてらす

はじめに

浄土真宗を開かれた親鸞聖人は、たくさんの和讃を作られました。そのなかでも私たちがもっとも馴染《なじ》んでいるのは、「如来大悲の恩徳は」で始まる「恩徳讃《おんどくさん》」と「正信偈」をおつとめするときにあげられる六首引《ろくしゅび》きと言われるご和讃であろうと思います。六首引きのご和讃の一番最初にあげられるのが『讃阿弥陀仏偈和讃《さんあみだぶつげわさん》』と名付けられた、

弥陀成仏《みだじようぶつ》のこのかたは　いまに十劫《じつこう》をへたまへり
法身《ほつしん》の光輪《こうりん》きはもなく　世《せ》の盲冥《もうみよう》をてらすなり
（『註釈版』五五七頁）

のご和讃です。それゆえ、どこかで聞いたことがあるなあ、と思われる方もおられるのではないかと思います。

このご和讃にはおおきく二つのことが示されています。一つは悟りの世界のことであり、今ひとつは迷いの世界のことです。仏教では、悟りの世界と迷いの世界は切り離してあるものではなく、つねに同時に見るべき世界ですが、ここでは迷いの世界の「世の盲冥をてらす」について少し味わってみたいと思います。

1　世の盲冥

「世の盲冥」とは、煩悩に覆われて真実を見ることができず苦悩にさいなまれて生きるもののことです。このような世界を如実《にょじつ》に示しているのは何と言っても韋提希夫人《いだいけぶにん》の悲劇を表す『観経』の話でしょう。それは子息の阿闍世《あじゃせ》が実の父を殺し、また母も幽閉するという話です。『観経』の話は王様やお后《きさき》、また王子というようなわたしたちとはかけ離れた特別な舞台設定になってはいますが、決して私たちと無関係の話ではなく、日々、テレビのニュースで流される日常の世界で起きている悲しい事実と何ら変わりません。

それはわたしたちの人生が、四苦八苦といわれる、生、老、病、死を初めとして、愛別離苦《あいべつりく》、怨憎会苦《おんぞうえく》、求不得苦《ぐふとくく》、五蘊盛苦《ごうんじょうく》の自分自身ではどうにもできない苦悩がだれにでもあるということです。このようなことは私たちは頭では理解できていてもなかなか実感としては分からないというのが本音のところではないかと思われます。しかしもし、このようなことが自分の身に起きれば誰しもが、まさにこの世は地獄であり、暗黒の世界と思われるでしょう。

実はこのような人間の苦は「もし」ではなく、人が生きている限り、いつでも、だれにでも現在進行形として起こっていることなのです。そしてこのような人間を救おうとして、仏は苦悩の人間を常に照らしているというのです。では仏が

「照らす」と言うことはどのようなことを言うのでしょうか。

2　照らす

若いころ作家の水上勉の桜守《さくらもり》の講演を聴いたことがあります。訥々《とつとつ》とした話ではあったのですが、ダム建設によって水没する老木の桜を移植し守ろうとする話でした。話の中で桜の花が潔く散る光景も美しいが、赤い蕚《がく》の散りゆく姿もまた美しいという話が記憶に残っています。

春になると多くの日本人は、一年に一度、桜の美しさに酔いしれ、美しく咲き誇った桜の下で饗宴《きようえん》を楽しみます。でも、一年に一度、咲き誇り、そして散りゆく姿を見てあと何度見ることができるであろうか、と自分の人生の行く末と重ねて桜を見た瞬間、美しい桜の花は、無常の形となってその姿を示すのではないでしょうか。そのとき人は自分で生きてきた人生を振り返り、ああ、そうなんだ、私は「生かされて生きてきたんだ」ということに気づくのではないでしょうか。いわば、私の人生は何だったのであろうか。と、ふと、わが身を振り返ってみたときに、初めて「てらす」という事態に出会うのでしょう。

人生を振り返るということは、こころの目でみる以外に方法はありません。しみじみと自身の生きてきた過去を振り返って見たとき、初めて自身の姿があらわになり、自分の人生はさまざまな縁によって「生かされてきた」と言うことに気がつくのではないでしょうか。「てらす」と言うことは、「生きている」から「生かされている」ということに気がつくということではないかと思います。「生かされている」ことに気がついた姿、それこそが「てらす」ということであろうと思います。

おわりに

記憶が定かではないですが、私が中学生のころ、当時、全国のお寺を講演して回っておられた中村久子さんが私の生まれたお寺にもこられたことがありました。子供の頃のことなので出会ったと言うよりも、近くでその姿を見たというのが実際のところです。

障害を持ちながらも『歎異抄』に導かれ、念仏とともに、たくましく人生を生きた中村久子さんの歌に、

手はなくも　足はなくともみほとけの　袖《そで》にくるまる　身は安きかな

があります。それはまさに阿弥陀仏に照らされ生かされていることを実感している姿を示しています。このような心境は、念仏の教えによって私を超えた仏に気づかされているからであろうと思います。

「盲冥をてらす」ということは、念仏の教えによって苦悩する我が身の姿と、仏に包まれているという真実に気づかされた姿ではないでしょうか。

一〇　大悲の梵声《ぼんしょう》

はじめに

タイトルの「大悲の梵声」とは、どのような意味なのでしょうか。「大悲」とは、仏の人を救おうとする慈悲の心、すなわち仏の人に対する「いつくしみ」のことを表し、「梵声」の「梵」とは「清浄」、すなわち「清らか」なことを意味しています。さらに「声」とは、仏の人を救うために発せられた言葉を意味するものです。それゆえ「大悲の梵声」とは、仏が迷える人間をいつくしみの清らかな声によって、救おうとしていることを表すものです。では、このような仏の梵声は経典にはどのように説かれているのでしょうか。

1　経典の説示

法然聖人によって定められ、親鸞聖人が拠り所にされた阿弥陀仏の教えが説かれている『浄土三部経』には、仏の救いの梵声がさまざまな形で説かれています。たとえば『大経』には、仏が悟りを得られた時の大音は、「響流《ごうる》十方」(『註釈版』一一頁)、すなわち十方のあらゆる世界にとどろき渡ると説かれています。このような説示は、仏の正覚は、世界のあらゆる所に至るほどの素晴らしいものである、ということを意味するものでしょう。また『観経』には、仏の世界の観音・勢至の菩薩たちが衆生を安らかにして救いの説法をされると説かれ、さらに『小経』には、仏の救いについて、六方の諸仏たちが、間違いがない、と言われていると示されています。経典には、さまざまな仏による人間の救いが説かれているのですが、翻って現代人の中で、このように説かれる経典の仏の救いの梵声を聞いた人がおられるでしょうか。もちろん仏教には声聞・縁覚と分類される仏法をもとめる行者を示していますから、仏の梵声を聞いた人がおられるのも事実でしょう。そして今日においても人さまざまですから、中には仏の声を聞いたと言われる方がおられても不思議ではないでしょう。しかし、生老病死の苦悩に日々生きる多くの衆生は、このような仏の救いの声とは、まったく無縁の世界の中に生きているのではないでしょうか。

2　異なる音

私はかつて次のような経験をしたことがあります。それは娘が小学校の低学年の頃の話です。どの家庭でも子供に習い事をさせますが、女の子は音楽を習うことが一般的でした。ご多分に漏れず我が家の娘も三歳くらいから、近くのピアノ教室に通っていました。教室での練習のスケジュールがあるのでしょう。母親が今日はバイエルの何番の練習といって、娘がアップライトのピアノの前で練習をしていました。そんなある日、遊び半分ではあったのですが、私は娘がピアノの音がわかっているのかどうか、鍵盤をたたいて、これは何の音、と聞いたことがありました。最初は、単純にドレミファソラシドでした。そして次にいくつかの和音をたたいて、この和音は何と何の音が入っているのかと聞いてみたのですが、娘の答えはパーフェクトなものでした。まさか完璧に聞き分けられるとは思っていませんでしたので、私自身いささかびっくりしたことを覚えています。実はこの話にはさらに続きがあります。というのは、今度は娘がピアノの鍵盤をたたいて、この音は何の和音か、と、私に聞いてきたのです。残念ながら、私は全く答えることができませんでした。和音の違いが分からないのです。私にとって音の一つひとつが聞き取れないということです。この体験は、同じ音、同じ声でも聞く人によって異なっていると言うことを教えているでしょう。

3　大悲の実感

讃岐の妙好人といわれる庄松さんに、次のような逸話が残されています。それは夏の暑いときのことです。家の奥まった部屋の仏壇に安置してあった絵像の阿弥陀様を、さぞかし暑かろうから涼んでほしいと言って、風通しのいい縁側に吊り下げたというものです。このような話を現代の私たちが耳にすると、一体何を考えているのだ、訳が分からない、ということになるでしょう。いわば庄松さんの行為は現代人には思いもつかないことですし、理解不能なことであろうと思います。しかしこの逸話は、かつての人には、仏が今ここにあることを実感できていたからこそ、なされた行為であることを示しているのではないでしょうか。庄松さんの話を私たちに引き寄せて見たとき、庄松さんと同様に、仏を今ここにあるものとして実感することができるでしょうか。出来ないと言うことであれば、残念なことですが、今日の私たちは、仏が見えない時代、仏を実感できない時代に生きていると言うことになります。それは同じように、大悲の梵声が聞けない時代に生きていると言えるのではないでしょうか。

4　大悲の梵声

私たちは、仏の救いが聞こえない時代に生きています。では大悲の梵声を聞くことはできないのでしょうか。さらにいうなら、仏の救いは現代人には届くことはないのでしょうか。そこで思い起こされるのは『歎異抄』の唯円大徳の問いに対する親鸞聖人の答です。親鸞聖人は念仏をするようになったが喜びを感じられないという唯円の問いに対して、仏はそのような衆生を見越して本願を立てられているのであり、喜びを実感することがなかなかできないからこそ、仏の救いは間違いがないのであると答えられています。とすれば、現代に生きるわれわれが仏の梵声を聞くことができないことも、聞けないからこそ仏の本願は間違いがない、と言えるのではないでしょうか。いわば聞くことのできない衆生を見越しての大悲の梵声ということです。

まとめ

法は聞こうとしなければ聞こえません。だからといって聞こうとして聞こえたものは清らかなるものではありません。なぜならそれは私が聞きたいと思って聞いたものだからです。それゆえ、聞こうとして聞いたものは決して「真実」なものではないのです。そうではなくて、私が聞こうとしたありかたが、私から離れて、聞こえてきたもの、それこそが、清浄にして真実なる梵声ではないでしょうか。それは言うならばかつて聞いた、仏師が仏を彫るときに、私が彫ったのではなく、仏が現れ出られた、と言われるような世界です。それゆえ私が聞こうとしたことを離れて、そして私に聞こえてきたものこそが、真実の「梵声」であり、仏の救いの大悲なのではないでしょうか。

二 「おくりびと」は「オクラレビト」

1 現代の世相

今日の私たちの生活環境は、数十年前には考えも及ばなかったような時代を迎えています。まさにＩＴ（情報技術）の時代です。買い物、電車の移動、連絡等々、日常生活のありとあらゆることをＩＴで行うことが可能な時代です。また現代人の人生設計は、百歳時代ともいわれています。まさに生者の時代といえるでしょう。

このような時代において、生者と反対の死者の世界に関しても変化が起こっています。社会人や家族よりも個人として生きることが強調される時代のせいでしょうか。死者の葬儀が簡略化されたり、時には直葬という形式となったり、または過疎化、少子化の影響によって親世代まで相続していたお墓の「墓じまい」が行われたりというように、これまでになかった社会の様相の急激な変化が起こっています。

人間の現実社会は、いつの時代であっても、それまであった旧来のものと、新しく生み出されたものとの狭間にあるということができます。ただ時代によって新しく生み出されるもののスピードが速いか遅いかの違いはあるにしても、人間社会は間違いなく旧来のものも引き継ぎながら、そのなかに新しいものが生み出されるのであろうと思います。このように考えますと、この五〇年余りのＩＴの発展は、これまでの時代になかったような振り幅の大きな社会生活の変化を生み出したということができると思います。

2 「おくりびと」

葬送儀礼を扱った青木真門氏の『納棺夫日記』に触発され、制作された映画に「おくりびと」があります。多くの人々の関心が集まったことを記憶されている方もおられると思います。権威ある賞を受けたということが、人々の関心に貢献したことはもちろんでしょうが、その美しい凛《りん》とした映像美に深い感銘を受けた方も多いのではないでしょうか。しかしその「おくりびと」に対する人々の関心の高さは、心の奥底にうずまく現代人の強い死への関心の一端でもあるとみることができます。

同じように、死者儀礼を示す京都の風物詩に五山の送り火があります。毎年八月一六日の夜に行われる恒例行事ですが、その起源についてはよく分かっていないようです。なぜか一般的にはお盆に当たって迎え火をたきますが、京都の送り火の行事にはそのような迎えるという行事はなく、送り火だけが行われるようです。それでも送り火の催しはお盆が終わって亡くなった方を、再び死者の世界に送るという意味の行事であろうと思います。ただもし、人々の思いが、「おくりびと」という死者を送る面にのみ関心がむけられるなら、それはあまりにも悲しむべきことではないかと思います。

3　過去帳と芳名帳

毎年のことですが、八月のお盆が近づくと多くの人と同じように私も納骨堂にお参りに出かけます。数年前のことです。納骨堂で読経が終わって後片付けをしていますと、近くにお参りに来られていた方から話しかけられました。その方は四〇代半ばの女性の方です。何かなと思っていますと、仏壇に置かれている過去帳を見てください、といわれ差し出されました。過去帳をみますと、私は不謹慎にも一瞬吹き出しそうになりました。なぜかというと書かれていたのは、墓参に来られた人の名前と日付だったからです。いわば過去帳を芳名帳と勘違いされていたのです。その女性が話をされるには、お友達のお母さんが納骨されているから墓参に来たのだということでした。そして過去帳をみますと、その友達の名前が日付とともに、何度も書かれていましたので、生まれ故郷に帰ってから友達に過去帳と芳名帳の違いについてどのように伝えたらいいのか、今困っているということでした。お友達のお母さんの墓参に来られるくらいですから、大変親しいお付き合いの方であろうと思います。しかもその友達は日本の最高学府を卒業されている方だということでした。過去帳と芳名帳の違いを伝えなければいけない、女性の困惑したなんともいえない気持ちが、少し分かったように感じました。

このことは、かつては日常の生活の中で、教えられなくても受け継がれていたことが、余りにも伝わっていないということを示しているのでしょう。それだけ世代間のギャップが大きいと言うことだと思います。それが今日の時代と言うことであります。

4 「オクラレビト」

仏教ことに浄土真宗の教えは、死者を送る「おくりびと」は、同時に自分自身が送られる「オクラレビト」であることを教えています。親鸞聖人は消息（手紙）の中で、先に亡くなった同行・同朋が、かならず浄土で私、親鸞を待っていてくれるであろういわれています。また親鸞聖人も自身の往生後、同行・同朋をお浄土で待っていると示されています。いわば、親鸞聖人の明かす浄土とは、「おくりびと」と「オクラレビト」が再び出会うべき世界であると領解されているということです。そして、このことは親鸞聖人自身が「おくりびと」であると同時に「オクラレビト」であることをあらわしています。「おくりびと」の映画は、不特定多数の多くの人が鑑賞することによって、生者のみが闊歩《かっぽ》する現代社会において、死者への関心の重要性を提起したことは、おおいに意味のあることはまちがいのないことです。しかし、日々の生をおおかする「おくりびと」である現代人一人ひとりが、まぎれもなく「オクラレビト」であることに気がつかなければ、それは自身の生と不可避にある死を生の彼方に忘却し、真実の自身の姿を知ることのできない、あまりにも現代人の悲しい姿といわなければならないと思います。お盆とは、日常の世界において死を忘れた現代の「おくりびと」一人ひとりが、「オクラレビト」であることを教えられる日でもある、ということではないでしょうか。

一二　真如一実の信海なり

はじめに

「真如一実の信海なり」の言葉は、『教行信証』の「信巻」のはじめに大信を讃嘆した十二嘆名の一つとして出てきます。すなわち、

つつしんで往相の回向を案ずるに、大信あり。大信心はすなはち　これ長生《ちょうせい》不死の神方《しんぽう》、欣浄厭穢《ごんじょうえんね》の妙術、選択《せんじゃく》回向の直心《じきしん》、利他深広《じんこう》の信楽《しんぎょう》、金剛不壊《ふえ》の真心、易往《いおう》無人の浄信、心光摂護《しょうご》の一心、希有《けう》最勝の大信、世間難信の捷径《せっけい》、証大涅槃の真因、極速円融《えんにゅう》の白道、真如一実の信海なり。

（『註釈版』二一一頁）

です。この十二嘆名は親鸞聖人が「信巻」で明かそうとした如来回向の大信の性格をはじめに単刀直入に説き示しているものであり、「真如一実の信海なり」はその十二嘆名のいちばん最後に出てくるものです。したがって「真如一実の信海なり」の言葉は親鸞聖人の領解した大信の一側面を明かしているということができます。

1　十二嘆名の基本的意味

ところで、この十二嘆名はそれぞれに親鸞聖人の領解した信の性格を端的に示していますが、その各々の意味は、

①「長生不死の神方」は、死ぬことのない長い命を得る不思議な方法

②「欣浄厭穢の妙術」は、浄土をねがい娑婆をいとう道理にかなうすぐれたてだて

③「選択回向の直心」は、選択本願より回向される正直な信心
④「利他深広の信楽」は、他力回向の深く広い徳のある信心
⑤「金剛不壊の真心」は、金剛のように堅く、他に破壊されないまことの心
⑥「易往無人の浄信」は、浄土へ行きやすいが、自力では得難い浄らかな信
⑦「心光摂護の一心」は、如来の光明におさめられて護られる信心
⑧「希有最勝の大信」は、たぐい希なすぐれた如来回向の信心
⑨「世間難信の捷径」は、世間では信じがたい往生浄土の近道
⑩「証大涅槃の真因」は、仏果をさとる真の因
⑪「極速円融の白道」は、たちどころに功徳を円満させる浄らかな道
⑫「真如一実の信海」は、真如一実の道理にかなった信心

です。これらの一々の嘆名にはそれぞれに背景出典が考えられていますが、今はすべて省略します。ところで十二嘆名の配列順序については、親鸞聖人の意趣の

あることが屢々指摘されています。すなわち、「長生不死の神方」については、われわれ人間の第一に願うものはなんといっても永遠なる生というものでしょう。しかしこのことは諸行無常を説示する仏教においては望むべくもないものであろうことはいうまでもないことです。しかし人間はなおも願わずにはおれないのも確かなことです。ここにおいてうつろいゆくこの娑婆の世界においてなお真に永遠なるもの、それは如来回向の信以外にはないものとして十二嘆名の第一として挙げられたものと考えられます。また「欣浄厭穢の妙術」は『歎異抄』第九章にあかされる「またいそぎ浄土へまゐりたきこころの候はぬは、いかにと候ふべきことにて候ふやらんと」(『註釈版』八三六頁)という親鸞聖人と唯円との対話にもみられるように、罪悪生死の凡夫にとっては、たとえそれが安楽なる世界と説かれ、また苦悩の旧里だとしても、浄土をねがい娑婆をいとうということは自らの力ではできないことです。この浄土をねがい娑婆をいとうということも、如来回向の大信において自然になされるものとして挙げられている、と考えることができるでしょう。そしてこの大信は如来の回向によって発起されたものであるから「選択回向の直心」といわれ、さらに大信は十方衆生を救済するものであるから「利他深広の信楽」といわれるのです。また「金剛不壊の真心」「易往無人の浄信」とは大信の性格を明かし、さらに「心光摂護の一心」とは大信のはたらきを示し、この大信はもっともすぐれたものであるがゆえに「希有最勝の大信」といわれ、そしてこの大信こそが悟りへの唯一なるものであるがゆえに「証大涅槃の真因」「極速円融の白道」とその大信のはたらきと性格が説示され、最後に「真如一実の信海」として、大信のその本質の究極性が明かされているのです。

2　大信の特質

親鸞聖人は十二嘆名の結びとして「真如一実の信海」として、大信の徳の本質を明かしているのですが、ではさらに親鸞聖人はこの「真如一実の信海」とはどのような内実をもつものとして明かされているのでしょうか。
「真如」とは無上大涅槃のことで、「一実」もこの真如と同じ意味です。『唯信鈔文意』では『法事讃』の文を解釈するなかにおいて、

「涅槃界」といふは無明のまどひをひるがへして、無上涅槃のさとりをひらくなり。「界」はさかひといふ、さとりをひらくさかひなり。大涅槃と申すにその名無量なり、くはしく申すにあたはず、おろおろその名をあらはすべし。「涅槃」をば滅度といふ、無為《むい》といふ、安楽といふ、常楽といふ、実相といふ、法身といふ、法性といふ、真如といふ、一如といふ、仏性といふ。仏性すなはち如来なり。この如来、微塵世界にみちみちたまへり、すなはち一切群生海の心なり

（『註釈版』七〇九頁）

と明かされています。「信海」とは、海は喩えで、信心にさとりのあらゆる徳が

おさまっていることを表しています。この「信巻」の「真如一実の信海」は「行巻」のはじめの、

つつしんで往相の回向を案ずるに、大行あり、大信あり。大行とはすなはち無碍光如来の名を称するなり。この行はすなはちこれもろもろの善法を摂し、もろもろの徳本を具せり。極速円満す、真如一実の功徳宝海なり。ゆゑに大行と名づく　（『註釈版』一四一頁）

の「真如一実の功徳宝海」の語句に対応していることはあきらかであり、その意味するところは『一念多念文意』に述べられるところから見ることができます。すなわち、

真実功徳と申すは名号なり。一実真如の妙理、円満せるがゆゑに、大宝海にたとへたまふなり。一実真如と申すは無上大涅槃なり。涅槃すなはち法性なり、法性すなはち如来なり。宝海と申すは、よろづの衆生をきらはず、さは

りなくへだてず、みちびきたまふを、大海の水のへだてなきにたとへたまへるなり

（『註釈版』六九〇頁）

です。またさらにはこの「真如一実の信海」の拠り所ともいわれる『浄土論』の「観仏本願力　遇無空過者　能令速満足　功徳大宝海」（『七祖篇』三一頁）の文を釈すなかにおいて、

「功徳」と申すは名号なり、「大宝海」はよろづの善根功徳満ちきはまるを海にたとへたまふ。この功徳をよく信ずるひとのこころのうちに、すみやかに疾《と》く満ちたりぬとしらしめんとなり。しかれば、金剛心のひとは、しらずもとめざるに、功徳の大宝その身にみちみつがゆゑに大宝海とたとへるなり

（『一念多念文意』『註釈版』六九二頁）

とも明かされています。これらの文から親鸞聖人の理解をみるなら「真如一実」とは無明の惑《まど》いを翻《ひるがえ》した無上涅槃のさとりのことであり、そのさとりについては、

滅度、無為、安楽、常楽、実相、法身、法性、真如、一如、仏性、如来とさまざまな名前で呼ぶことができますが、いずれにしてもそれは弥陀のさとりそのもののことです。そのさとりそのものが真実功徳としての名号となり、そしてすべての衆生の金剛心となるのです。そしてこのように信においてさとりの内実が、衆生がみずから求めることなく自然にすべての衆生に平等にその身にみちみちているがゆえに「海」に比喩されるのです。このような理解のありかたは単に行・信においてみられるものではなく、親鸞聖人においては教・証を含めた往相回向全体の理解においても同じようにみることができます。すなわち、「信巻」には横超を釈して、「横超とはすなはち願成就一実円満の真教、真宗これなり」（『註釈版』二五四頁）と教を明かしています。また「証巻」には、

つつしんで真実の証を顕さば、すなはちこれ利他円満の妙位、無上涅槃の極果なり。すなはちこれ必至滅度の願より出でたり。また証大涅槃の願と名づ

くるなり。しかるに煩悩成就の凡夫、生死罪濁《ざいじょく》の群萠《ぐんもう》往相回向の心行を獲れば、即のときに大乗正定聚《しょうじょうじゅ》の数に入るなり。正定聚に住するがゆゑに、かならず滅度に至る。かならず滅度に至るはすなはちこれ常楽なり。常楽はすなはちこれ畢竟《ひっきょう》寂滅なり。寂滅はすなはちこれ無上涅槃なり。無上涅槃はすなはちこれ無為法身なり。無為法身はすなはちこれ実相なり。実相はすなはちこれ法性なり。法性はすなはちこれ真如なり。真如はすなはちこれ一如なり

（『註釈版』三〇七頁）

と述べています。そもそも親鸞聖人によれば、教・行・信・証は弥陀の涅槃界から展開されたものであると理解されていたようです。親鸞聖人は「教巻」において、

つつしんで浄土真宗を案ずるに、二種の回向あり。一つには往相《おうそう》、二には還《げん》相《そう》なり。往相の回向について真実の教行信証あり。

（『註釈版』一三五頁）

と明かし、そしてその真宗の教行信証については「証巻」に、

それ真宗の教行信証を案ずれば、如来の大悲回向の利益なり。ゆゑに、もしは因、もしは果、一事として阿弥陀如来の清浄願心の回向成就したまへるところにあらざることあることなし

（『註釈版』三一二頁）

と述べていますが、それは真宗の教行信証のいずれもが如来回向の利益によるものであり、それゆえ往生成仏の因も果も如来の回向によらないものはないと示しているのです。ではなぜ煩悩成就の凡夫であり、生死罪濁の群萠といわれる衆生の信心が、さとりの功徳がみちあふれる「真如一実の信海」であるということができるのでしょうか。往生成仏の因果が迷いの衆生自らの力においてなされるものであるならば、それは決していうことのできないものでしょうが、しかし親鸞聖人の理解によれば、それはただひとえに阿弥陀如来の清浄願心の回向成就によるものなのです。かくて親鸞聖人においては、往相のすべてが如来回向の利益に

よるがゆえに、教も行も信も証もさとりの功徳でみちあふれる真如一実なるものとして把握することができたのです。

一三　二種深信《にしゅじんしん》

はじめに

親鸞聖人の信心は、当然のように往生即成仏の因は何かということを明かす信心正因の問題、さらにはそのことに関連して展開する称名は報恩であるという問題、またさらには『大経』十八願文に示される三心と、天親《てんじん》が示した衆生の一心としての信心を明かす三心一心の問題、さらには信獲得《ぎやくとく》の様相、もしくは時間に関わって述べられる信一念の問題、また法然教学において批判をうけた菩提心の意義の問題、さらには信と疑の意味を明確にする信疑決判等があります。このなか二種深信はわれわれ衆生の信心のもっとも具体的すがた、すなわち信心の相を明かすものです。ここでは、われわれ衆生の信心の具体的相を明かす二種深信の背景、その内実、さらに具体的展開について見ていきたいと思います。

1　二種深信の背景

まずはじめに、二種深信が明かされる背景から見ていきたいと思います。正《しよう》依《え》の経典である浄土三部経のなか、『観無量寿経』には、「一つには至誠心《しじようしん》、二つには深心《じんしん》、三つには廻向発願心《えこうほつがんしん》なり。三心を具する者は必ず彼の国に生ず」として、至誠心、深心、廻向発願心の三心が明かされています。善導大師はこの『観経』の三心を解釈する中において、「深心」について七深信をたてられますが、その第一番目、第二番目に述べられるものが、二種深信といわれるものです。善導大師は主著『観経四帖疏《かんぎようしじようしよ》』の「散善義《さんぜんぎ》」（深心釈）において、

深心というはすなはちこれ深く信ずる心なり。また二種あり。一には、決定

して深く、自身は現にこれ罪悪生死の凡夫、曠劫《こうごう》よりこのかたつねに没しつねに流転して、出離の縁あることなしと信ず。二には、決定して深く、かの阿弥陀仏の、四十八願は衆生を摂受《しょうじゅ》したまふこと、疑なく慮《おもんばか》りなく、かの願力に乗じてさだめて往生を得と信ず

（『七祖篇』四五七頁）

（深心というのは深く信じるという心であり、これに二種類あります。一つには、自身は現に罪深い迷いの凡夫であり、はかり知れぬ昔からいつも迷いにさまよって、これから後も生死を出る手がかりがない、と決定して深く信じることであります。二つには、かの阿弥陀仏の四十八願は衆生を摂めとってお救いくださる。疑いなくためらうことなく、かの願力に乗託《じょうたく》して、まちがいなく往生する、と決定して深く信じることであります。）

と示されています。これらの文によって、善導大師の明かすところによれば、深心とは一つには機の深信として、自己自身についてその現実の相は煩悩具足、罪

悪生死の凡夫であって、未来永劫に出離の縁なき存在であると深信することであり、しかもまた同時に二には法の深信として、かの阿弥陀仏は四十八願をもって一切の衆生を摂受《しょうじゅ》するものであって、その願力に乗ずれば定んで往生をうると深信することである、と捉えています。さらにはまた善導大師は、『往生礼讃《おうじょうらいさん》』において二種深信は、

二つには深心。すなはちこれ真実の信心なり。自身はこれ煩悩を具足せる凡夫、善根薄少《ぜんこんはくしょう》にして三界に流転して火宅を出でずと信知し、いま弥陀の本弘誓願は、名号を称すること下至十声・一声等に至るに及ぶまで、さだめて往生を得と信知して、すなはち一念に至るまで疑心あることなし

(『七祖篇』六五四頁)

と明かされています。この『往生礼讃』において「善根薄少」といわれるところから、善導大師においては人間はまだ薄少ではあるにしても善根をもつものとし

てとらえられていたのではないかということも指摘されるところではありますが、『観経疏』「散善義」には〈至誠心〉について、

不善の三業は、かならずすべからく真実心のうちに捨つべし。またもし善の三業を起さば、かならずすべからく真実心のうちになすべし。内外明闇《みようあん》を簡ばず、みなすべからく真実なるべし
（『七祖篇』四五六・四五七頁）

と示し、またさらに〈廻向発願心〉については、

また回向発願して生ぜんと願ずるものは、かならずすべからく決定真実心のうちに回向し願じて、得生の想をなすべし
（『七祖篇』四六四頁）

と明かしています。これらの文によれば、善導大師においては〈深心釈〉において「出離の縁有ること無し」といわれながらも、なお衆生において真実性を肯定していることが見られるのであって、いわば衆生自身に出離の縁のあることを、なにほどかは認めていたということができるようです。この点、自己を注視した

親鸞聖人に至ってより徹底されてくることになるのです。

2　二種深信の内実

親鸞聖人の二種深信の理解は、基本的には善導大師の二種深信の理解をうけるものであります。しかしながら善導大師によって明かされた二種深信は、『観経』の深信釈の解釈として示されたものでありました。では親鸞聖人において『観経』の深信と『大経』で明かされる三心、すなわち信心との関係はどのように理解されていたのでしょうか。このことについて親鸞聖人は、『教行信証』「化巻」に、

> これをもつて『大経』には「信楽」とのたまへり、如来の誓願、疑《ぎ》蓋《がい》雑《まじ》はることなきがゆゑに信とのたまへるなり。『観経』には「深心」と説けり、諸機の浅信に対せるがゆゑに深とのたまへるなり
> （『註釈版』三九三頁）

といわれ、『大経』の三心を疑蓋無雑の信楽の一心で押さえられています。また『観経』の深信については、『愚禿鈔』下に、

いまこの深信は他力至極の金剛心、一乗無上の真実信海なり

（『註釈版』五二二頁）

と明かされるように、深信は他力至極の信心として捉えられています。このことによって親鸞聖人においては、善導大師において『観経』の深信の理解として説かれていた二種深信は『大経』の第十八願に明かされる至心、信楽、欲生の三心のなか信楽と重なるものであり、それゆえ『観経』の深信の解釈として示される二種深信はまた『大経』十八願に示される信楽の内容でもあるということでありますます。ではさらに親鸞聖人の意味する二種深信の内実とはどのようなものであったのでしょうか。それは、「信巻」および『愚禿鈔』に善導大師の文を引用されながらも、善導大師において至誠心、深心、廻向発願心の理解において是認され

ていた衆生の真実心について、それは如来の真実心にほかならないことが明かされています。すなわち衆生には全く真実心を持ち得ないという立場に立たれているということであります。したがって二種深信の内実は、機の深信は、自らの力が往生浄土についてなんの役にも立たないことを信知することであり、また同時に法の深信は、出離はただ一途《いちず》に阿弥陀仏の救済の力にあるということを信知することであります。すなわち、機の深信とは自らのはからいを捨てさるということであり、また法の深信とは阿弥陀仏の救済にすべてをまかせるということであります。従来このことを、捨機即託法《しやきそくたくほう》（自力を捨て願力・他力に帰す）とか、捨自即帰他ということばで表しています。親鸞聖人は、「高僧和讃」に「煩悩具足と信知して　本願力に乗ずれば　すなはち穢身《えしん》すてはてて　法性常楽証せしむ」（『註釈版』五九一頁）と讃嘆されています。そしてまたこの二種深信の内実を言い換えると、阿弥陀仏とその光明によって照らし出された自己の姿であるということとができます。その自己とは「正像末和讃」の「愚禿悲嘆述懐讃《ぐとくひたんじゅっかいさん》」に「浄土真宗に帰すれども　真実の心はありがたし　虚仮《こけ》不実のわが身にて　清浄の心もさらになし」（『註釈版』六一七頁）といわれ、またさらには『一念多念文意』に、

「凡夫」といふは、無明煩悩われらが身にみちみちて、欲もおほく、いかり、はらだち、そねみ、ねたむこころおほくひまなくして、臨終の一念にいたるまでとどまらず、きえず、たえずと、水火二河のたとへにあらわれたり

（『註釈版』六九三頁）

と明かされる凡夫のありようであります。このような虚仮不実のわが身、無明煩悩のわれらとは阿弥陀仏の光明にであうことによって知らされた自己であり、本願力に乗じることによって信知された自己であります。いわば阿弥陀仏の光明を信知するということは、その光明によって照らし出された自己のありようを信知することと別のことではないのです。かくして二種深信とは一信心の二つの性格

であり、機の深信と法の深信が前後の関係であるとか、また表裏の関係であるということは一信心の内実ではなく、二つの信心であるということになります。それゆえ従来、二種深信は二種一具であると明かされています。ところで真宗中興の祖として仰がれる蓮如上人はこのような信心のありようを『御文章』には「かかるあさましき機をすくひましますす弥陀如来の本願なりと信知して」（『註釈版』一〇八六頁）とか、さらには「我身はわろきいたづらものなりとおもひつめて、ふかく如来に帰入する心をもつべし」（『註釈版』一一〇八頁）と示しておられます。なお、この二種深信の理解についてはさまざまな異解がありますが、ここでは触れないでおきたいと思います。

3　二種深信の具体的展開

二種深信は他力回向の信心の具体的すがたを示すものですが、この具体的なありようは真宗信心をもっとも如実に体現した妙好人という人々のなかに端的にみることができます。この妙好人という言葉は、善導大師の『観経疏』「散善義」に「念仏するものは、すなはちこれ人中の好人なり、人中の妙好人なり、人中の上上人なり、人中の希有人なり、人中の最勝人なり」（『註釈版』四九九・五〇〇頁）と明かす文によるものであり、それは好人、妙好人、上上人、希有人、最勝人としてまことの念仏者を示すものであります。親鸞聖人はこの善導大師の文を「信巻」や『愚禿鈔』に引かれ、また『一念多念文意』や『末灯鈔』等にも引かれ、真の念仏者として讃嘆されています。この妙好人と称される真の念仏者は真宗教団の歴史的展開のなかにおいて、多くは人知れずおられたであろうと思われますが、残された妙好人の言行の中に端的な二種深信の具体的ありようをみることができると思われます。中国地方には多くの妙好人という方々が輩出されています。仰誓《ごうぜい》、履善《りぜん》両先哲によって編集された『妙好人伝』には石見《いわみ》生まれの人として十人をあげていますが、そのなかに邑智郡《おおちぐん》のお百姓さんであった磯七と、同じくお百姓さんであった善太郎の名前があげられています。この『妙好人伝』にはこの磯七の領解として、次のようなことが著されています。

この田ノ迫の磯七は　今年八十になりまする　どうでもかうでも　近々に命は終るが磯七は……鬼の責苦に逢ふ身をば　華の台（うてな）へひきとりて弥陀にかはらぬ悟りとは　あらうれしやうれしや　南無阿弥陀仏

というものであります。それは阿弥陀仏によって照らし出された自らのすがたを明かしているものであり、「鬼の責苦に逢ふ身」が「弥陀にかはらぬ悟り」をうるものという領解であります。そしてまたさらにはこの磯七さんと、妙好人として今日大変よく知られている善太郎さんとの手紙のやりとりがあったということです。それは善太郎さんから磯七さんへ出された手紙でありますが、それは半紙四枚に書かれたものであり、文言はただひたすら「おありがたや　おありがたや」というものでありました。そしてその返信が磯七さんから善太郎さんにだされたのでありますが、その文面はこれもまたひたすら「おはづかしや　おはづかしや」というものであったということです。このことは常識的にみればいささか通らないことではありますが、しかし両者にとって浄土真宗の信心のありようが二種深信としてあるということが真に領解できているがゆえに、「おありがたやおありがたや」「おはづかしや　おはづかしや」という対応する世界がなりたっているのでありましょう。わたしたちはここに浄土真宗の他力回向の信心としてある衆生の二種深信のすがたをみることができると思います。

一四　普賢の徳

はじめに

親鸞聖人の明かした浄土真宗の教えは、往相《おうそう》・還相《げんそう》の二回向によって構築されています。すなわち往相とはこの迷いの世界から阿弥陀仏の悟りの世界に行く姿を示し、また還相とは阿弥陀仏の悟りの世界からこの迷いの世界に帰ってくる姿を明かしています。「普賢の徳」とはこの二回向のなか、還相にかかわって示されるものです。以下、『大経』二十二願文でみられる意味、さらには親鸞聖人で明かされた意味について見ていきたいと思います。

1　大経二十二願文の意味

親鸞教義にかかわって「普賢の徳」の語句を見ることができるのは、『大経』の四十八願のなか第二十二願においてです。いささか長くなりますが原文の延べ書きを次に示しておきます。

たとい、われ仏となるをえんとき、他方の仏土のもろもろの菩薩衆、わが国に来生せば、究竟して必ず一生補処《いっしょふしょ》に至らしめん。（ただし）その本願により、自在に化（益）せんとするところの、衆生のためのゆえに、弘誓《ぐぜい》の鎧《よろい》を被《かぶ》り、徳本を積累《しゃくるい》し、一切を度脱し、諸仏の国に遊んで菩薩の行を修し、十方のもろもろの仏・如来を供養し、恒沙《ごうじゃ》の無量の衆生を開化して、無上正真の道を（安）立せしめ、常倫の（菩薩）に超出して、諸地の行現前し、普賢の徳を修習せんものを除く。もし、しからずんば、正覚を取らじ

（『浄土三部経』岩波文庫一三六・一三七頁）

です。ここで明かされる一生補処とは菩薩の最高位であり、一生をすぎれば仏所を補って仏となるという等覚の位を意味し、また弘誓の鎧とは衆生を救う広大にして強固な誓願を鎧にたとえたものであり、無上正真の道とは無上なるほとけの悟りを意味しています。さらに常倫とはつねなみのことを意味し、また諸地の行とは菩薩の修行段階に十地があり、初地から第一、第二の地に次第に進み、十地の修行を終えると一生補処の位に至るのですが、しかしここでは、このようなつねなみの順序を経ずに直ちに一生補処の位に至るから、菩薩の十地の行がその人に現れるということを意味しています。そして普賢の徳とは普賢菩薩の修する慈悲行の実践を意味しています。かくしてこの二十二願文の意味は、

他方仏土の菩薩たちが阿弥陀仏の国に来生するならば、次生には必ず仏となる一生補処《いっしょふしょ》の位に至るであろう。ただし衆生救済の本願のある菩薩だけは例

外であり、人々を自由自在に導くため固い決意に身を包んで多くの功徳を積み、すべての者を救い、さまざまな仏の国にいって菩薩として修行し、それらのすべての仏を供養し、ガンジス河の砂の数ほどの数限りない人々を導いて、この上ないさとりを得させようとし、つねなみの菩薩の修行の段階をこえて、普賢菩薩の慈悲行を実践するものは除きます。もしそうでなければわたしはけっしてさとりを開きません

となります。したがってこの二十二願で説示される趣旨がどこにあるのか、ということは、それは他方世界の菩薩たちが阿弥陀仏の世界に来生すれば必ず一生補処の位につくということを願った願であることはいうまでもないことです。したがってここでは還相の意味を見出すことはできないと言わなければならないと思われます。

2　親鸞における二十二願の理解

では親鸞聖人においてはこの二十二願はどのように受けとめられていたのでしょうか。親鸞聖人は「証巻」に還相廻向について次のように明かしています。

還相の廻向といふは、すなわちこれ利他教化地の益《やく》なり。すなわちこれ必至補處之願より出でたり。また一生補処の願と名づく。また還相廻向の願と名づくべきなり

（『註釈版』三一三頁）

です。すなわち親鸞聖人は還相廻向の願として先に述べた『大経』の二十二願をだしています。その文は、

たとひわれ仏を得たらんに、他方仏土のもろもろの菩薩衆、わが国に来生して究竟じてかならず一生補処に至らん。その本願の自在の所化、衆生のためのゆゑに、弘誓のより鎧を被て徳本を積累し、一切を度脱せしめ、諸仏の国

に遊びて、菩薩の行を修し、十方の諸仏如来を供養し、恒沙無量の衆生を開化して無上正真の道を立せしめんをば除く。常倫に超出し、諸地の行現前し、普賢の徳を修習せん。もししからば正覚を取らじ（「証巻」『註釈版』三一六頁）

であり、その意訳は、

わたしが仏になるとき、他の仏がたの国の菩薩たちがわたしの国に生まれてくれば、必ず菩薩の最上の位である一生補処の位に至るでしょう。ただし、願に応じて、人々を自由自在に導くため、固い決意に身を包んで多くの功徳を積み、すべてのものを救い、さまざまな仏がたの国に行って菩薩として修行し、それらすべての仏がたを供養し、ガンジス河の砂の数ほどの限りない人々を導いて、この上ないさとりを得させることもできます。すなわち、通常の菩薩ではなく還相の菩薩として、諸地の徳をすべてそなえ、限りない慈悲行を実践することができるのです。そうでなければ、わたしは決してさとりを開きません（「浄土三部経」（現代語版）『浄土真宗聖典』三一・三二頁）です。親鸞聖人はこの二十二願文の「除く」に着目し、すべて一生補処の位にある菩薩ではあるが、それらのうち衆生救済の普賢行をなす菩薩だけは浄土に住することなく、還相回向のはたらきをもって娑婆世界にきたって利他教化をなしつづけると理解したのです。もちろんこのような願文の理解は「証巻」に『論』『論註』の文が引用されるように天親、曇鸞の教学的影響をうけて展開されたものです。そしてこのような第二十二願を還相の願として見るということは他にも、

二つに還相の回向といふは、『浄土論』にいはく、「本願力の回向をもつてのゆゑに、これを出第五門と名づく」といへり。これは還相の回向なり。一生補処の悲願にあらはれたり。大慈大悲の願、『大経』にのたまはく、「……中略（二十二願文）……」この悲願は、如来の還相回向の御ちかひなり（『浄土三経往生文類』『註釈版』六二九頁）

といわれ、さらにはまた、

二つに、還相回向といふは、『浄土論』にいはく、「以本願力回向故是名出第五門」と。これはこれ還相の回向なり。

このこころは、一生補処の大願にあらはれたり。大慈大悲の誓願は、『大経』にのたまはく、「……中略（二十二願文）……」これは如来の還相回向の御ちかひなり。これは他力の還相の回向なれば、自利・利他ともに行者の願楽にあらず、法蔵菩薩の誓願なり　（『如来二種回向文』『註釈版』七二三頁）

とも示されています。

3　還相回向の内実

親鸞聖人は浄土真宗の教行信証について、それらはすべて如来回向によるものであるとしています。すなわち、それ真宗の教行信証を案ずれば、如来の大悲回向の利益なり。ゆゑに、もしは因、もしは果、一事として阿弥陀如来の清浄願心の回向成就したまへるところにあらざることあることなし。因、浄なるがゆゑに果また浄なり

（「証巻」『註釈版』三一二頁）

です。このことはわれわれが行ずる往生の行業の因も果も、すべて如来によって回向成就されたものであって、行者みずからが自力によってなすものではないことを明かしています。そしてこのことは和讃に、

弥陀の回向成就して　往相・還相ふたつなり　これらの回向によりてこそ
信行ともに　えしむなれ

（「高僧和讃」曇鸞讃『註釈版』五八四頁）

とも示されているのです。そしてこの往相・還相の語句については「往相はこれより往生せさせんとおぼしめす回向なり。還相は浄土にまゐり、果ては普賢のふるまひをせさせて衆生利益せさせんと回向したまへるなり」（同頁、下段）と左訓

が付されているのです。したがって往相とはこの娑婆世界から浄土に往生させることをいい、また還相とは浄土に往生し、そしてこの娑婆世界にかえり普賢菩薩の大慈悲心のように衆生済度の利益をすることを示しています。しかもこの還相の利益とは「往相廻向の利益には　還相廻向に廻入《えにゅう》せり」とか、また「往相廻向の大慈より　還相廻向の大悲をう」(「正像末和讃」『註釈版』六〇八頁)と明かすように、衆生が往相し、そして大涅槃の証をえた利益であるとしています。

ではさらに親鸞聖人はこの還相廻向についてどのように領解しているのでしょうか。同様の還相の意趣は、

しかれば大悲の願船に乗じて光明の広海に浮かびぬれば、至徳の風静かに、衆禍《しゅうか》の波転ず。すなはち無明の闇を破し、すみやかに無量光明土に到りて大般涅槃を証す、普賢の徳に遵《したが》ふなり、知るべしと

(「行巻」『註釈版』一八九頁)

とも示され、さらに、

聖言、あきらかに知んぬ。大悲大慈の弘誓、広大難思の利益、いまし煩悩の稠林《ちょうりん》に入りて諸有を開導し、すなはち普賢の徳に遵ひて群生を悲引す

（『浄土文類聚鈔』『註釈版』四八三頁）

とも述べられ、また、

このさとりをうれば、すなはち大慈大悲きはまりて生死海にかへり入りてよろづの有情をたすくるを普賢の徳に帰せしむと申す

（『唯信鈔文意』『註釈版』七〇二頁）

とも明かされています。そしてさらに和讃には「安楽無量の大菩薩一生補処にいたるなり　普賢の徳に帰してこそ穢国にかならず化するなれ」（「浄土和讃」讃弥陀偈讃『註釈版』五五九頁）と讃嘆され、このなかの「一生補処」については「極楽にまいりなは弥陀の一の御弟子となるこゝろなり」と示され、また「普賢の徳」

については「われら衆生、極楽にまゐりなば、大慈大悲をおこして十方に至りて衆生を利益するなり。仏の至極の慈悲を普賢とまうすなり」と明かされているのです。そしてまたさらには「還相の回向ととくことは　利他教化の果をえしめすなはち諸有に回入して　普賢の徳を修するなり」（「高僧和讃」曇鸞讃『註釈版』五八四頁）の「普賢」については「普賢といふは仏の慈悲の極まりなり」と示しています。これらのことから親鸞聖人における還相とは、如来の他力回向の信行によって、われわれが浄土に往生し、そしてその利益によって大慈大悲をおこし、再び此土に回入して衆生利益のため仏の慈悲の極みである普賢の徳を修することを示すものであるといえるでしょう。すなわち衆生が仏となり衆生救済のために大慈大悲をもってこの此土界に帰ることを意味するのです。ところでこの大慈大悲のありようについて親鸞聖人は『歎異抄』において聖道《しょうどう》・浄土の相違のあることを明かしています。すなわち、慈悲に聖道・浄土のかはりめあり。聖道の慈悲といふは、ものをあはれみ、かなしみ、はぐくむなり。しかれども、おもふがごとくたすけとぐること、きはめてありがたし。浄土の慈悲といふは、念仏して、いそぎ仏に成りて、大慈大悲心をもつて、おもふがごとく衆生を利益するをいふべきなり。今生に、いかにいとほし不便とおもふとも、存知のごとくたすけがたければ、この慈悲始終なし。しかれば、念仏申すのみぞ、すゑとほりたる大慈大悲心にて候ふべきと云々

（『註釈版』八三四頁）

です。聖道の慈悲とは現生において衆生をあはれみ、かなしみはぐくむことであるが、しかしこのことは思うように衆生を救済することは末とおらないと示し、そしてさらに浄土の慈悲とは如来回向の念仏信心によって、浄土に往生し仏となって思うように衆生救済をすることであると明かしているのです。すなわちここで明かされる大慈大悲のありようは、還相廻向、すなわち普賢の徳の大慈大悲

の内実と同一のことがらであり、それは浄土における悟りの証果の働きであって、まさしく聖道の慈悲に対する「浄土の慈悲」の具体的内実であり、その現れということができるであろうと思われます。

一五　師と弟子―「みちびき」と「とぶらい」

はじめに

『歎異抄』に「親鸞は弟子一人ももたず候ふ」（『註釈版』八三五頁）とあることから、真宗で「師と弟子」ということが成り立つのか、と疑問を持たれる方もおられると思います。しかし、親鸞聖人の周りには、それぞれにご縁を結ばれた、たくさんの方がおられたのも事実です。

また、「みちびき」と「とぶらい」は、親鸞聖人のご著書『教行信証』の最後に、『安楽集』から「前《さき》に生まれんものは後を導き、後に生まれんひとは前を訪《とぶら》へ」（『註釈版』四七四頁）と引用されています。先に生まれた人はあとに生まれた人を導かなければいけない。また、あとに生まれた人は先に生まれた人を訪ねていかなければいけない。すなわち、真宗のなかで「教えが伝わる」というのは、どういうことなのだろうかという問題です。仏教もしくは真宗の教えを説く人、それから聞く人のあり方というものが、一体どういうものであるのか、そのことを少し考えてみたい、ということです。

1　さとりを得たものと、さとりを得ていないもの

およそ二千五百年前、お釈迦さまは、「天上天下唯我独尊《てんじょうてんげゆいがどくそん》」と、世界の中で私のみがもっとも尊い存在であるということを宣言されました。お釈迦さまは二十九歳で出家をされて三十五歳でさとりを開かれています。さとりを開かれましたが、その内容を人々に説くのはやめようと思われました。おそらく誰も聞こうとしないだろう、だれも理解しようとしないだろうと思われたからでした。そのと

きのことが仏典で、「梵天勧請《ぼんてんかんじょう》」という言葉で出てきます。梵天というのはインドの神さまです。勧請というのは是非とも釈尊のさとりの内容を人々に説いて欲しいという意味です。それで、釈尊は自分のさとりを人々に説こうと思われました。そして最初に説かれたのは誰かというと、一緒に苦行をしてきた五人の仲間たちです。その五人の比丘たちは、釈尊は途中で苦行をやめたわけですから、修行を挫折をした人と見ていました。この五比丘のなかの一人がさとりをえた釈尊を見て、なんと呼びかけたかというと、釈尊に向かって「ゴータマ」と呼びかけました。そのとき釈尊は、「われをゴータマと呼ぶことなかれ、われはすでに悟れるものたればなり」と止められたのでした。

では、さとりを得たものを「ゴータマ」と名前で呼んではいけないということ、これはどういうことを表しているのでしょうか。もちろんこの話は、後の仏教徒たちが釈尊を敬うという意味で言われ始めたものですが、いわばさとりを得たものと、そのさとりの内容を聞くものの違い、それは基本的に全く異なった存在であるということを表しているのであろうと思います。このことは仏教の基本であり、それ以来脈々と伝えられてきていたものです。

だから、仏教のなかで「師家」というと、教え導く人であり、また雲の上のような存在というイメージがありますが、それはおそらく、さとりを得たものと、さとりを得ていないものの違いを表し、そういう形で仏教はインドから中国・日本と展開して伝わってきたのだろうと思います。

初転法輪
インド・サールナート
ダメーク塔

2　教えを説くものと聞くもの

ところが親鸞聖人には、教えを説くものと教えを受けるもの、という僧俗の関係は見られず、非僧非俗という形、すなわち四海のうちみな兄弟だ、念仏者はみな一緒だという捉え方でした。

するといままでの仏教とはぜんぜん違う師と弟子との関係が、新たに構築されたと言えるのではないかと思われます。まったくそれまでの仏教にない、教えを説くものと教えを聞くものとの関係が、親鸞聖人によって出現してきたのではないかと考えられます。

そこで、親鸞聖人を中心とする、法然聖人、親鸞聖人、そしてお弟子さんという関係がどういうものであったのか、少し見ていきたいと思います。

はじめに親鸞聖人と法然聖人の関係を見てみます。親鸞聖人の書物の中で『選択集』を写させてもらった、それから法然聖人の絵像を写させてもらった、という記録が出てまいります。そこに何と書いてあるかというと、「悲喜の涙を抑えて」（『註釈版』四七三頁）という言い方で出てまいります。親鸞聖人という方はあまり自分の感情的なことを書かれる方ではありませんが、さすがに大いなる感動があったのだろうと思います。

親鸞聖人が法然聖人のところに行かれた理由は、「生死出づべき道」（『註釈版』八一一頁）を求めてでした。親鸞聖人は法然聖人をどのように思っておられたのかというと、仏さまのような存在だと受け止められていました。自分の生死の問題というものが、法然聖人によって解決した、その立場から見たときに法然聖人というのは、まさに仏さまであったのです。

3　親鸞聖人と恵信尼公

つぎに、親鸞聖人と恵心尼公がお互いどのように受け止められておられたか、について見てみます。恵信尼公は親鸞聖人の妻であり、覚信尼公は娘さんです。親鸞聖人が京都で往生されたとき、恵信尼公は越後におられました。一番下の娘さんである覚信尼公が、親鸞聖人が往生されたことを、越後におられるお母さんに連絡の手紙をだされます。その手紙を受け取られて、お母さんが娘さんに返事を送られます。その手紙が残っています。それは恵信尼公が八十二歳のころのものと言われていますが、その中につぎのような話が出てまいります。

越後から関東に行かれる途中の話です。常陸《ひたち》の下妻《しもつま》のさかいの郷というところに行かれたとき、そのとき夢を見られたというのです。その夢のことが記されています。

鳥居があって、布のような旗みたいなものが下がっていた。そこに絵のようなものが書かれている。一方を見ると、勢至菩薩それは法然聖人であり、もう一つは観音菩薩で親鸞聖人のような、そういうような夢を見たのです。そのことを親鸞聖人に話したことがあるというのです。ただし、そのときは、親鸞聖人が観音菩薩であったことは言われなかったというのです。このことを親鸞聖人がご往生されてから、自分の娘さんに手紙を書かれているのです。

みなさまは、自分の連れ合いを菩薩のように思われていますか？　そのように思えたら、これほ

恵信尼公（龍谷大学蔵）

恵信尼公顕彰碑
新潟県中頸城郡板倉町米増

どすばらしい人生はないのではないかと思います。親鸞聖人は恵信尼公のことは、何も書かれていません。でも、推測ですが、恵信尼公が菩薩のように思われたということは、逆に親鸞聖人もそのように思っておられなければ、奥様に菩薩のように思われるということはなかったのではないでしょうか。お互いが菩薩のように思っておられたのではないかと思うのです。

つまり、親鸞聖人が法然聖人を思われるときは、仏さまのように思っておられました。妻である恵信尼公が親鸞聖人をみられるときも菩薩のように思っておられました。いわば、相互にこころとこころが響きあい感じあう「響感」する人間関係としてあったのではないかと思われるということです。

4　浅原才市の聞法姿勢

最後に、親鸞聖人が法然聖人のことを、そして恵信尼公が親鸞聖人を思っておられた、「師のあり方」というものと、おそらく底流で結びつくであろうと思うことをお話しします。

浅原才市という妙好人がおられました。去年の秋、久々に才市さんのお寺、安楽寺に行きました。ご住職からいろいろ話しを聞いて新たな発見がありました。

才市さんは、法座があるたびにお寺に行かれていたのですが、ときどき感極まって、パッと立ち上がって、手を挙げて、「ありがたいのお」と言っておられたそうです。

あるとき、子どもが一度の法座で何回才市さんが立たれるか数えたことがあって、十五回までは数えたという逸話が伝わっています。才市さんはたくさんの言葉を遺しておられます。そのなかの一つです。安楽寺のご住職のお説教を聞いて、そして家に帰って、自分で書かれたものです。

「才市よい」

「へ」

「今説教したわ誰か」

「へ。安楽寺の和尚さんであります」

「そうではあるまい」

「へ。蓮如さんでありました」

「そうではあるまい」

「へ。阿弥陀の直説、なむあみだぶつであります」

話をされたのは、安楽寺のご住職であることは間違いないことです。しかし、それを聞いて受けとめるときには、それは仏様からの話で、弥陀の直説であるという受け止

浅原才市絵像
頭に二本の角が描かれている
(安楽寺蔵)

め方をされているということです。

おそらくそれは、親鸞聖人が法然聖人に接しておられて、法然聖人を仏のように思っておられたことと、どこかで共通する、そういうものではないかなと思うのです。

（本原稿は「TUKIJI　築地本願寺新報」平成二一年（二〇〇九）三月号に掲載した「師と弟子─『みちびき』と『とぶらい』」に加筆修正を加えたものです）

一六　親鸞の師弟像の背景

はじめに

午前中三コマの講義を受講されて、身心ともにお疲れの方もおられることと思います。今日は五十分の時間をいただいておりますので、早速、その範囲内でお話を申し上げたいと思っています。本日のお話のタイトルは、「親鸞の師弟像の背景」としています。師弟像について、端的に言えば、親鸞聖人と『歎異抄』の筆者と考えられる唯円というお方の関係は、師弟の関係ということができると思われます。『歎異抄』には「親鸞は弟子一人ももたず候ふ」（『註釈版』八三五頁）と言われています。しかし、間違いなく親鸞聖人と唯円というのは、唯円から言えば親鸞聖人は師、先生に当たり、親鸞聖人が唯円を弟子だと思っていたかと言えば、中々難しいところだと思いますが、一般的に言えば、師弟の関係であっただろう、と思われるわけです。

それをもう少し遡《さかのぼ》りまして、親鸞聖人の師匠は法然聖人であります。法然聖人をご開祖とするのは浄土宗、京都でいえば本山である知恩院のご開山ということになります。法然聖人のお弟子が親鸞聖人になるのですが、法然聖人まで遡るというのが、タイトルの「背景」という意味です。法然聖人が浄土宗を開かれることになるのですが、親鸞聖人によれば、本来は浄土宗も浄土真宗も真宗も区別はありません。今は宗派を意味する言葉になっていますが、もともとは、念仏して浄土に往生する教え、というのが浄土宗、浄土真宗、真宗の言葉の意味だったのです。だから言葉の原義は宗派の意味ではなかった、ということになります。

1　法然聖人の祖師観

親鸞聖人の師である法然聖人が、日本で初めて専修念仏に基づく浄土宗の教えを説かれました。その教えを説かれるに当たって、法然聖人は、「ひとえに善導一師に依る」(『七祖篇』一二八六頁)と明かされています。念仏を相承された祖師として、親鸞聖人は七高僧を示されていますが、法然聖人は五人、五祖という方を選んでおられます。その中でも特に、法然聖人は、ただ一人、善導大師に依るのだということを言っておられるのです。もちろん、法然聖人が五人を選ばれる時の主眼は、念仏を説かれたかどうかであり、この点については、様々な形でお聞き及びではないかと思います。先ず念仏を説いておられるから五人を選ばれたのであり、その中でも、善導ただ一人に依るということであります。では、善導大師を選ばれるに当たって、念仏を説かれたというのは当然のことですが、それ以外に理由はなかったのか否か、ということを少し考えてみたいと思います。

2　浄土宗開宗の問題

法然聖人が初めて日本で浄土宗を開かれるにあたって、それまでの仏教から法然聖人の新しい浄土宗開宗について問題点が指摘されています。その代表的な方が、興福寺の僧であった貞慶《じょうけい》という方です。この方が、「法然上人は勝手に浄土宗という一つの宗派を建てている。それは道理に外れている」ということを言われたのです。必ず仏教では新しい宗派を建てる場合には、お釈迦さまが仏教を説かれてから、インド、中国と伝承され、それをさらに日本でも受け継いで、私は今、浄土宗、念仏の教えを明かしていると言うのが、当然のことであったのです。ところが、法然聖人はそういうことを一切言ってない「これはおかしいだろう」と非難されたのです。それで、法然聖人はどのように示されたかというと、念仏の教えを受け継がれてきた方として五祖を上げられたのです。

それからもう一つ問題にされたのが何かといいますと、新しい宗派を建てるときには朝廷の許可が必要だったのです。法然聖人は朝廷の許可ももらわずに勝手に言っているではないか、という非難です。このような二つの非難がなされたのです。

それで、その中の念仏の教えを伝えてきた人について法然聖人は、曇鸞大師、道綽禅師、善導大師、懐感《えかん》禅師、少康《しょうこう》法師の五人がおられるということを示されたのです。その五人の真ん中に当たる方が善導大師であります。この善導大師は日本の時代で言うとどれぐらいの時代の人であるのかということですが、中国の善導大師は、ざっくり申し上げますと、聖徳太子とだいたい同じぐらいの時代の人です。聖徳太子は日本で初めて仏教を説いた人と言われますが、その時代の中国の人です。このように比べてみると、中国と日本はどれぐらい文化レベルが違っていたかが、もうありありとわかるだろうと思います。法然聖人は、その善導ただ一人だと、言われるわけですが、先ほども言ったように、念仏を言われることが前提になります。それ以外に善導一人でいいんですよ、ということを法然聖人が言われるためには、他の理由はなかったのか、このあたりが大変興味深い問題になってまいります。

3　三昧発得の問題

今から申し上げることは、普通、浄土真宗の教えの中では、ほとんど出てこない事柄だろうと思います。というのは、「三昧《さんまい》」という言葉です。簡単に申し上げると、「三昧」というのは、これについては、色々社会的な問題を起こしてきたオーム真理教という宗教が、テレビに出て宣伝をする時に、この「三昧」という言葉を当たり前のように使っていました。私は、一般の人がわかるのだろうか？　と思ってみていました。それぐらい仏教の専門用語を使って話をしていたのです。「三昧」ということは、インドの言葉のサマーディの音訳で、「仏および仏の世界を見る」ということなのです。浄土真宗ではそのような教えはありませんので真宗教義としては出てこないのですが、仏教の中でいえば、サマーディ、三昧は当たり前のことなのです。仏および仏の世界・浄土を見るのは当然のことのように語られていたのです。そのことは実は、法然聖人まで当たり前のように言われていたということができます。ところが、親鸞聖人になると全く出てこないのです。法然聖人と親鸞聖人のところで、「三昧」の問題について、親鸞聖人は全く用いられない、そういう意味で大きく変化した、ということが言えるのではないかと思います。

では、この三昧についてどのように言われているのか、についてですが、法然聖人のメインの書物は『選択本願念仏集』です。略して、『選択集』といいます。

これが一番中心の書物です。その中に善導大師一人を選ぶに当たって、四つ問いを出されています。何でこの人だけでいいのですか？　という問題を出して、自分で答えるのです。

最初は、浄土門と聖道門の二つの道を挙げ、聖道門は自ら修行して悟りを得る方法で、それはやはり凡夫には無理だから、浄土門に依らなければならないだろう。だから善導大師なのだ。というのが第一問目の答です。

二番目は何かというと、ここから「三昧」の話が出てきます。おそらく馴染みのない人の名前が出てきますが、中国で念仏の教えを説いた人です。迦才《かざい》という人、それから善導、慈愍《じみん》が出てきます。善導大師だけ選んで、迦才とか慈愍は選ばないのですが、それはどういう理由なのか？　ということです。善導大師は三昧発得をした人ですが、それ以外の迦才・慈愍は、仏と仏の世界を体験していない人なので、だから選ばないというのです。三昧を得た人か否か、という意味で区別され、三昧を得た善導大師を選ぶのだ、というのです。

三番目ですが、善導大師と同じように三昧の人は他にもいるだろう、というのが三番目の問題です。誰が出てくるかというと、懐感禅師です。懐感禅師という人も仏の世界を見ている人だろう、何で善導大師だけなのですか？　という問題です。この善導大師が選ばれる理由が、先生か弟子かの違いです。同じ仏の世界を見ているなら、弟子ではなくやはり先生をとるべきだろう、だから懐感禅師の先生である善導大師を選ぶのである、と主張するのです。

そして最後の四番目、これも中々聞かれることはないでしょうが、何かというと、親鸞聖人が選ばれた七高僧と言われる方々の中、龍樹菩薩、天親菩薩、曇鸞大師の次の方の道綽、善導は中国の人です。道綽禅師と善導大師という人は、直接会って教えを受けている人なのです。中国の太原の近郊に石壁山 玄中寺があります。善導大師は道綽禅師に会って直接念仏の教えを聞いているのです。つまり、道綽禅師は先生で、善導大師はお弟子になります。それでも法然聖人は善導一人に依るのだ、と言われるのです。先生の道綽禅師を選ばなかったのです。懐感禅師の時には善導大師が先生だからと選ぶと言っていたのに、第四問では道綽禅師は先生、善導大師は弟子になるのですが、先生を選ばずに弟子の善導大師を選ぶというのです。そこで出てくるのが「三昧」です。先生である道綽禅師は、仏および仏の世界を見ていない、三昧発得をしていないのです。お弟子である善導大師は仏の世界を見る体験をしているのです。先生の方はそういう体験をしていないのです。そこで先生である道綽禅師が、仏の世界を見ている善導大師に対して、「自分の往生が間違いないか、どうか一度見てくれないだろうか」と、善導大師に頼むのです。そうしたら、お弟子である善導大師が、蓮華の花を切り分けて仏前に置いて、一週間行道して、その花が萎まなかったら、間違いなく往生することができる、と言われるのです。で、実際行ったら萎まなかったのです。

そうしたら、道綽禅師がお弟子である善導大師に、「三昧発得に入って、自分に問題がないかどうか？一度見て欲しい」と頼まれるのです。善導大師が、「わかりました」と、三昧を発得されるのです。そして、どんなことがわかったかというと、先生には三つの罪がある、ということがわかったのです。

これは、善導の言葉として言われるものです。「一には、師、嘗《むかし》、佛の尊像を安んじて、牖《のきまど》の下《もと》に在《お》きて、みづからは深房《じんぼう》に処せり」（『七祖篇』一一八七頁）＝先生はむかし、仏さまの像を窓の側に置いて、自分は家の奥の方のいいところで寝起きをしていた、そういう罪がある。それから、「二には出家人を駆使《くし》して策《しゃく》略《やく》する」（同）＝出家をしているお坊さんを無理矢理つかった、そういう罪がある。それから、「三には屋宇《おくう》を営造して虫の命を損傷す」（同）＝建物を造ったときに、色んな虫たちの命を奪った、という罪がある。そういう三つの罪が先生にはあります。それを懺悔しなければいけませんと言うのです。

で、先生であった道綽禅師は、「弟子である善導大師がいうことは間違いない。確かにその通りだ」と言って懺悔して、そして先生である道綽は往生して、仏の世界に生まれることができた。だから先生をとらずに弟子の善導大師を選びとるのです、と言って、最終的に善導大師ただ一人を選ばれるのです。勿論先ほども言いましたように、念仏を説いているか否かが前提ですが、それに加えて、三昧を発得されているか否かが、いかに重要であるか、という理由が挙げられているのです。

4　本地垂迹的祖師観

それからもう一つ善導大師が選ばれる理由があります。三昧を発得しているか否かが一つ目の理由ですが、二つ目は、善導大師はもともと仏であったという見方です。「大唐《だいとう》にあひ伝へていはく、『善導はこれ弥陀の化身なり』と」（同一二九一頁）＝善導大師は実は阿弥陀さんの化身だ、ということが、既に中国の伝記の中で言われているのです。このことを受けて、先ほどの三昧発得と、中国で言われている善導大師は普通の人ではないんだ、いわば仏さまの生まれ変わりなのだ、という理由で善導一人に依るのだ、と言っておられるのです。それはいわば、念仏を説いた善導大師を選ばれる理由について、念仏一つでいいのだ、と言うための根拠付けを示しておられる、と言うことであろうと思います。

5　法然聖人の体験

それから、もう一つの問題です。法然聖人は、仏および仏の世界を観察し体験している人なのです。親鸞聖人自身については、そんな話がどこにも出てきません。ところが先生の法然聖人は、「私は仏の世界、仏というものを観ました」と言うことを自ら書いておられます。そして、法然聖人が自ら書いておられるもののを親鸞聖人は写しておられます。ということは、親鸞聖人は、そのようなことを知っておられるのです。ですが、親鸞聖人の教えの中で言われることは一切ありません。もっとわかりやすく言うと、法然聖人は仏を観るという体験をされた、けれども、親鸞聖人はその様な体験は一切されなかったということではないか、と言うことです。

で、法然聖人の具体的な体験はどういうものかということですが、六十六歳、これは法然聖人の年齢です。ちょっと頭に入れておいて欲しいのですが、親鸞聖人と法然聖人は四十歳年齢が違います、四十という数字を頭に置いておくと、親鸞聖人は二十六歳といえば、比叡山におられる年齢です。比叡山を出られるのは二十九歳です。まだ、法然聖人に直接関わっておられない年齢だということが、直ぐにわかるだろうと思います。法然聖人が六十六歳の時に、日々七万遍余り念仏をされていたのです。『観無量寿経』には、観る世界として日想・水想・地想・宝樹・宝地・宝楼などの世界が描かれていますが、それと同じような形で浄土の様子を見られるのです。

「病気になり、そのために念仏をするのが一万遍二万遍に減った。そして、瑠《る》璃《り》、赤・青の宝樹を見る」と、浄土の様子を観たということが書かれています。さらに、六十八歳、親鸞聖人と会われる前の六十八歳の時には、『観経』で説かれる五つの浄土の様相が「行住坐臥《ぎょうじゅうざが》に、意のままに任運に現れるようになった」ということを言われています。それから、「浄土の鳥の声を聞き、琴・笙《しょう》など楽器の音色を聞き、さらに勢至菩薩」を観ておられます。それから七十歳になると、丈六《じょうろく》の阿弥陀仏、大きい阿弥陀仏を観ておられます。法然聖人は様々な三昧発得の体験をされているのです。ところで、法然聖人が六十九歳、親鸞聖人は二十九歳、親鸞聖人が比叡山を降りられて、法然聖人に会われた年代ですが、その時、法然聖人はどういう体験をされていたかというと、今言いましたように、仏および仏の世界を観ている期間なのです。そういう時に親鸞聖人は法然聖人に会われていた、ということであります。ただし、法然聖人はこのような体験を周りの人に言ってはおられないだろう、と考えられています。だから、親鸞聖人にも言ってはおられなかったのではないかと、今のところ思われるのですが、親鸞聖人の先生、法然聖人は、そういう体験をしている人であった、と言えるであろうと思います。

その後、法然聖人は七十四歳になると、阿弥陀仏・観音・勢至の三尊を観ておられます。いわば、三昧を発得しておられるということです。何となく不思議であろうと思います。

法然聖人の浄土宗の主張は念仏一つでいいのだ、ということを歴史的に言ってきました。それで法然聖人の体験が示されているものは、長い間、ほとんど表に出てこなかったのです。ということは、世の中に知られることがなかったということです。このような法然聖人の体験の記述が表に出てくるのは、明治以降です。教学的には大きな問題です。念仏一つでいいと言っている法然聖人がこういうような体験をされている、これは一体どう考えたらいいのだろう、ということになってきます。親鸞聖人の『西方指南抄《さいほうしなんしょう》』という書物の中に、法然聖人がこの様な体験をされたという記述がそのままありますから、晩年になると親鸞聖人も知っておられるのです。でも、そういうものも中々表に出てきません。明治以降になって間違いなくこれは法然聖人が書かれたもので自らの体験談だ、これをどのように理解したらいいのかということで、浄土宗ではいろいろな理解が示されました。今のところは、おそらく一日七万遍余り念仏を唱えることによって自《おの》ずから現れた体験であろう、と言われています。いわば、念仏を唱えることは、仏を観ることを目的として称名念仏された訳ではないということです。念仏をしたその結果、自ずから自然に現れた体験であろうと、今日の浄土宗の理解では考えられています。ただ、親鸞聖人は、まったくこのことについては言及されていない、ということが言えます。

6　法然門流の展開

法然聖人には、たくさんのお弟子さんがおられます。そのお弟子さんたちは、法然聖人が専修念仏の主張をされたわけですから、その念仏一つでいいという教えを受け継いでいかれます。それでどのようにその教えがつながり広がっていったのか、ということです。はじめに勢観房源智《せいかんぼうげんち》と言う方ですが、この方は一番法然聖人に近く、法然聖人が亡くなるときまで側についておられた方です。今日、浄土宗では重要視される「一枚起請文」ですが、これを法然聖人から受領された方でもあります。で、この源智という方が次のような言葉を書き残しているんです。「善人をなおもって往生す、いわんや悪人をやの事　口伝これあり」（『昭和新修法然上人全集』四五四頁）です。「悪人正機」というのは、法然聖人が既に言葉としては言っておられた。「悪人正機」と言ったら親鸞聖人だと言うけれど、そんなことはない。既に法然聖人が言っておられる、勢観房源智が伝えているではないか、と言われていました。「それはそうです」、もう当然の事です。文献が残っている訳ですから、悪人正機の表現自体は法然聖人が言っておられたことだ、ということが言えると思います。このように法然聖人が言われていた「悪人正機」を口伝として伝えた人なのですが、この勢観房源智という方が、法然聖人が亡くなった後に、聖人の遺徳を讃えるため、勧進して寄付を募り、阿弥陀仏の像を造られたのです。

その阿弥陀仏の像はどこにあるかと言いますと、滋賀県の信楽に玉桂寺《ぎょっけい》というお寺がありまして、このお寺に阿弥陀さんがあり、その胎内から勧進の記録が出てきたのです。「血縁交名状《けちえんきょうみょうじょう》」といいますが、どのような人が寄付をしたかの記録が残っているのです。調べてみますと、京都から北の方です。近畿・中国・東海・北陸・越中・東北・蝦夷《えぞ》（東北か北海道か？）の人たちが寄付をしていて、その記録が残っていますが、その人たちは千差万別です。当時の貴族達を始めとして様々な人たちが寄付をして、法然聖人の遺徳を讃える仏像を製作したのです。人数としては四万六千人余りの人たちが寄付をしてくれたという記録が残っています。法然聖人の教えを受けて念仏をする人たちが、鎌倉時代の日本にどれだけたくさんおられたか、を知ることができるだろうと思います。もっとも記録上の数字ですから、念仏をする人は、実際はもっとおられたと推測できるのではないかと思っています。

たくさんのお弟子さんがおられた中で、法然聖人が亡くなった後、その教えを受け継いでいったお弟子さんの動向について様々な記録が残っているのですが、いわば、法然聖人の後を継ぐ人はどういう人がいるのか、という問題です。先ず一番目、時代的に早いものから順番に並べてみますと、聖覚《せいかく》法印と隆寛《りゅうかん》律師です。法然聖人の教えを直ちに受け継ぐものは、聖覚法印と隆寛律師だといわれます。親鸞聖人のお手紙にも、お二人の書物をよくよく読みなさいよ、と言って、関東の人たちにも薦めています。聖覚法印と隆寛律師のお二人が、法然聖人の教えをしっかりとわかった人、伝えることができる人だ、と言われているのです。最初は二人しか名前が出てきません。

その次になると、どの様な人が法然聖人の教えを受け継いだのか、と言われると、五人ほど名前が挙がっています。①一念義元祖＝成覚房幸西《じょうかくぼうこうざい》、②鎮西義元祖＝聖光房弁長《しょうこうぼうべんちょう》、③長楽寺多念義元祖＝隆寛律師、④西山義元祖＝善慧房証空《ぜんえぼうしょうくう》、⑤九品寺之諸行本願義元祖＝覚明房長西《かくみょうぼうちょうさい》であり、法然上人が亡くなった後に、一つの派を創ったような人たちです。今は伝えられない派もありますが、当時、法然聖人の高弟であった人たちが、聖人の教えを受け継いでいると言われています。門徒数千万ともいわれていますが、それはちょっと大げさだろうと思われます。ただ念仏をする人たちがたくさんおられたのは事実であろうと思います。このようにお弟子さんがたくさんおられる中で、この五人だけが法然聖人の門流ですよ、ということが記録に残っています。

三番目です。これは日蓮上人が書かれた記録です。そこではどういう人が挙げられるかというと、上に挙げた人に、更に法本坊行空《ほうほんぼうぎょうくう》が一人加わっています。合わせて六人、法然聖人のお弟子さんがいるのだ、受け継いでいる人がいるのだと、と日蓮上人も言っておられるのです。

それから更に、東大寺に凝然《ぎょうねん》という学者さんがおられます。この方の『浄土《じょうど》源流章《げんるしょう》』によりますと、法然聖人を受け継いでいる人にどのような人がいるかについて、七人（前六名＋信空上人）を挙げておられます。

少しずつ増えてきています。ここでお気づきだろうと思うのですが、親鸞聖人はまだどこにも出てきていないのです。親鸞聖人の門流はいつ出てくるの？　ということになって来ると思いますが、静見《じょうけん》という人がおられます。この方が書かれたものに『法水分流記《ほっすいぶんるき》』がありますが、そのなかで初めて親鸞聖人は、大谷門流として出てくるのです。

では、親鸞聖人の大谷門流があるとして『法水分流記』に書かれたことについて、どれくらいの時間の経過があるかというと、法然聖人が亡くなられてから、百六十六年が経っています。また親鸞聖人が亡くなられてからは、百十六年経ち、それから跡を継がれた本願寺三代目の覚如上人が亡くなって二十七年経ちます。そしてその長子である存覚上人も亡くなって五年後に、ようやく法然聖人の念仏の教えを受け継いでいる流れの中に、親鸞聖人という方がおられて大谷門徒という流れがあるのだ、ということが出てくるのです。それまでは、当時の仏教界において大谷門流は認識されてなかった、ということです。当時の仏教界の中から言えば、浄土真宗という流派は、一世紀近く一つの門流としては認識されていなかったということであり、いわば、細々とした流れであった、ということが言えるのではないか思われます。

7　法然聖人と親鸞聖人の関係

法然聖人の門流として、大谷門流は当初から認識されていたわけではないのですが、では一体、法然聖人と親鸞聖人はどのような関係、すなわち、師弟の関係として見られていたのだろうか、ということについて考えていきたいと思います。当然法然聖人のところにはたくさんの念仏をする人たちが集まってきています。たくさんの人が集まってくると、そこにはさまざまな人がいますので、いろいろな問題が起こります。そのような中で「法然聖人の教えである念仏をする人たちがとんでもないことをしている」という批判が起こります。そのために「これからいたしません」という誓約書が作られるのですが、それが『七箇条制誡』もしくは『七箇条起請文』と言われるものです。これは法然聖人七十二歳の時のものですが、当時の仏教界から仏教者としての生活態度についての叱責です。「とんでもない人たちの集まりだ」ということで、「これからはそんな事はいたしません」という誓いを述べたものです。

そこに法然聖人の門弟たちが署名をしているのです。全員で百九十名が署名をしているのですが、その中に親鸞聖人の署名もみられます。法然聖人のお弟子さんですから、当然署名されています。その時の親鸞聖人の名前はまだ親鸞ではありません。綽空《しゃっくう》という名前です。大事なのは法然聖人の門下のなかで何番目ぐらいに署名されているのか？　について見てみますと、署名の順番としては、当然、法然聖人に近い人、後に名前が残っているような偉いお弟子さんが初めの方に署名されています。なるほどなぁと思います。で、その後は、あまり歴史的にはわからないような人たちです。親鸞聖人はというと、この署名は三日間に亘って行われているのですが、二日目の八十七番目に署名をされているのです。ということは、たくさんいるお弟子さんの中では真ん中ぐらいのお弟子さんであると見られていた、と考えられます。

親鸞聖人は三十二歳の頃には、法然聖人のところで勉学されていたのですが、その頃の親鸞聖人の立場は、たくさんの門弟の中の一人と見られていた、ということが言えるのではないかと思います。ところが親鸞聖人の立場を示すもう一つの事柄があります。それは何かと言うと、法然聖人の一番中心の書物は浄土宗の独立を宣言した『選択集』という書物です。この『選択集』には、最後に次のように述べられています。「庶幾《こいねが》はくは、一《ひと》たび高覧《こうらん》を経て後に、壁の底に埋みて、窓の前に遺《のこ》すことなかれ。おそらくは破法の人をして、悪道に堕せしめざらんがためなり」（同一二九二頁）という言葉です。このような言葉で『選択集』は終わるのです。要点を言うと、『選択集』を読んだ人は、他の人に見せるな。昔の家は土壁で作られていましたので、その土壁の間に埋めて、人に見せないようにしなさい、と書かれているのです。ということは、この『選択集』という書物は、読む人によっては、何をするかわからない、危険な書物であったのです。それは当然の事だろう、と思います。何故かというと、当時の仏教は様々な修行をしています。そのような中で「念仏だけでいいんです」ということを『選択集』は言っているのです。当時の仏教界の人たちから見れば「今まで私たちがやってきた事はいらないの?、何て事を言うのだ、けしからん」と言われるのは当然のことです。だから法然聖人の言われた念仏の本当の意味がわからない人が読むと、それは大変なことになるわけですから、決して人には見せないように、と『選択集』には書いてあるのです。このよう言われている『選択集』について、法然聖人が写す事を許した人は、今のところわかっているのは、六人だけです。それが、

①聖光房弁長、②長楽房隆寛、③法蓮房信空、④親鸞聖人、⑤善恵房証空、⑥成覚房幸西です。後に一つの流れを創っていく人たちです。その中に、親鸞聖人も含まれています。先程のお弟子さんたちの中で言えば、八十七番目です。門弟同志の中の見方で言えば、親鸞聖人は、たくさんいるお弟子さんの中の真ん中くらいの位置づけの人と見られていたと言うことだろうと思われます。ところが、法然聖人の目から見ると、自分の念仏の教えというものを本当に理解している人は親鸞聖人を含めてこの六人だけだ、ということができるのではないかと思われます。

親鸞聖人の『教行信証』の「化巻」の最後の方を見ますと、『選択集』について、これ以上の書物はない、と述べて、『選択集』を写すことができた喜びを語っておられます。

ということで、色々な見方をしないと、法然聖人と親鸞聖人の相互の関係、すなわち師と弟子としての関係は、明確にならないのではないか、と思われます。時間が参りましたので、これで私の話は、終わりとさせていただきます。ご静聴ありがとうございました。

一七　縁なき衆生は度しがたし？

はじめに

通信教育同窓会の総会記念講演に、お招きをいただきありがとうございます。本日の講演のタイトルを「縁なき衆生は度しがたし？」としています。「度しがたし」のあとに「？」マークが入っていますが、タイトルの意味は何となくおわかりいただけるのではないかと思います。

「縁なき衆生」というのは、仏法に無縁の人のことであり、また「度しがたし」というのは救いがたい、という意味です。昔からいわれていることでもありますので、一度ならず聞かれたこともあるのではないかと思います。

では、「縁なき衆生は度しがたし」と一般的にはいわれるのですが、そのことが真宗では成り立つのか、成り立たないのか、ということを一度考えてみたいというのが今回のお話の趣旨であります。

1　聖道と浄土

まずはじめに、「阿弥陀仏」の性格は、光明無量・寿命無量といわれます。それは、今日的ないい方をすれば、時間的・空間的に無限の性格であり、人間から見れば隔絶的な存在であることを意味しています。また「阿弥陀仏」は智慧・慈悲とも表現されます。この智慧・慈悲であるということは、すべての人々を救う絶対的な救済の性格を表そうとしているということができると思います。また「仏」を別のいい方をすれば「抜苦」「与楽」の存在だともいわれます。それは、われわれ衆生の苦を抜き楽を与えるものであり、「仏」とは、そういった絶対的な救済の性格を持つものであるとされてきました。そして、このような理解が前提となって、仏が衆生を救うあり方について、長い仏教の歴史展開のなかでさまざまに考えられてきました。

さて、七高僧のなか、龍樹菩薩・曇鸞大師・道綽禅師についてですが、龍樹菩薩は覚りに至る道として、難しい道と易しい道の難易の二道があると明かされました。また曇鸞大師は自力・他力ということを示されました。そして他力という言葉は、この曇鸞大師という方が出発点であります。それから道綽禅師は聖浄二門ということをいわれました。仏教を聖道門と浄土門の二つに分けた教えを説かれたわけです。その聖浄二門では、われわれがどういう存在なのか、人間のあり方がどのようなものなのか、がはっきり示されています。それは、われわれ衆生は、火宅の世界の住人であり、また煩悩の世界から出ることができない、救われがたい衆生であるということです。その理由は、道綽禅師の『安楽集』で示されているということですが、一つは、お釈迦様が亡くなって、ずいぶん時間がたってしまっているということです。お釈迦様が存命中であれば教えについて直接聞くことができますが、今日ではお釈迦様が亡くなってはるかに時間がたってしまって、教えを受けることができないということです。もう一つは仏教が非常に難しくなっているということです。仏教を専門的に学ぶことのない一般大衆にとっては、仏教の教えは難解であり、理解できるものではなくなったということです。一般大衆が理解しがたい教えということについて、一番わかりやすい例は、『般若心経』というお経がありますが、この『般若心経』は真宗では用いずに、ほかの日本の宗派はほぼすべて依用する経典です。ちなみに、『般若心経』には、大乗仏教の論理的本質を明かす言葉として、いろいろな場面でよく用いられる「色即是《しきそくぜ》空《くう》　空即是色《くうそくぜしき》」の文があります。この「色即是空　空即是色」の意味というのは、われわれの普通の常識で考えれば理解しようとしてもできないことです。というのは「色」とは「ものがある」ということであり、また「空」とは「ものがない」ということを意味しています。それゆえ「空即是色」は、「ある」ということは「ない」ことであり、また「ない」ということは「ある」ということになります。このようなことは仏教の縁起の理論にもとづいていわれるのですが、しかし、仏教の理論を専門的に学ぶことのない人々にとって、仏教の理論は極めて難解なものであったということです。

道綽禅師は、このような理論というのは、仏教の「理」というもの、いわば論理的な説明が深くなってきて、その理に対する理解が難しくなってくる。ましてや衆生が五濁《ごじょく》に染まってくる末法の時代になると、仏教というものを理解することができないと言われたのです。お釈迦様が亡くなってはるかに時代が経っている、そして覚りを得るものがだれ一人もいなくなってしまう、そういう時代においては、まさに浄土門という教えだけが「覚り」に至ることができる道ということを、道綽禅師は示されたのです。

ところで、「末法の時」をあらわす表現として「五濁悪世」という言葉がいわれますが、この言葉は、『阿弥陀経』に出てきます。『阿弥陀経』自体はインドで成立した経典です。われわれの世界はいつの世も「五濁」の世界であると示されているのです。それゆえ、このような末法という時代意識はインドから認識されていたと、言えると思います。

それが世に強く出てくるのが特に道綽禅師の時代です。中国の世の中が変化する激動の時代、そこでは僧侶をやめさせられる、お寺が壊されるということが眼前で起こり、いやがうえでも、五濁悪世が実感された時代であったといえます。そして、現実を直視され、まさに末法の時代には、浄土門の教えしかないということを道綽禅師が示され、そして善導大師がその教えを受けられ、さらに「偏《ひとえ》に善導一師に依る」(『七祖篇』一二八六頁)といわれた法然聖人が明かされ、その法然聖人の教えを相承された親鸞聖人が受けとめられているのです。このような、親鸞聖人が選ばれた七高僧のなか、道綽禅師、善導大師といわれる方々が、日本でいえばどのような時代にあたるのかということですが、それは聖徳太子の時代に重なります。ご承知のように聖徳太子は日本で初めて仏教を説かれた方でありますが、日本ではようやく仏教の教えが説かれ始めた時代だったのです。

2 慈悲にかはりめあり

ところで、親鸞聖人の教えを受けた唯円房の『歎異抄』第四章の中に、「聖道の慈悲」「浄土の慈悲」についての理解が明かされています。道綽禅師が判別された「聖道門」「浄土門」の立場でいう慈悲というものはどういうものなのか、ということです。すなわち、

慈悲に聖道・浄土のかはりめあり。聖道の慈悲といふは、ものをあはれみ、

かなしみ、はぐくむなり。しかれども、おもふがごとくたすけとぐること、きはめてありがたし

（『註釈版』八三四頁）

です。人間のありようとして人が人を助けたいという思いは、人間の自然な思いとして、だれしもがどこかにそのような思いを持っているのではないかと思います。しかし自分の思うように人を救うということになると、なかなか思うようにできないのもまた人間だといえます。ともすると余計なお節介だ、有難迷惑になると見られるような時代です。人間的な思いで何とかしたいと思うけれども、それが思う通りにならないということです。いわば人間の力で行おうとする「聖道の慈悲」には限界があるといわれるのです。それに対して「浄土の慈悲」とはどういうものなのでしょうか。

浄土の慈悲といふは、念仏して、いそぎ仏に成りて、大慈大悲心をもつて、おもふがごとく衆生を利益する

（同）

といわれています。仏となって思うように人間を利益するのが「浄土の慈悲」であるといわれるのです。そして、

今生に、いかにいとほし不便とおもふとも、存知のごとくたすけがたければ、この慈悲始終なし。(同)

と示されています。人間がどんなに何とか助けたいと思っても、その人間の思う慈悲、哀れみ、悲しみというのは「始終なし」と明かされています。この世で人々を助けたいとわれわれが思っても、人間の思うとおりにならないということです。いわば煩悩の存在である人間の慈悲は完全ではないということであり、逆にいえば、人間の持つ、憐れみ、悲しみ、慈しみは不完全なものでしかないといわれているのです。それゆえ、

しかれば、念仏申すのみぞ、すゑとほりたる大慈悲心にて候ふべきと(同)

と明かされるのです。すなわち親鸞聖人が念仏することこそが、末通る(究極)

慈悲心だといわれることは、親鸞聖人は完全なるありようを求められたということではないかと思います。いわば完全か不完全か、ということです。「聖道の慈悲」というもの、人間的な慈悲とは不完全なものであり、それに対して「仏の慈悲」は完全なものであると言おうとされているのであろうと思います。『歎異抄』の後序に、

聖人の仰せには、善悪のふたつ、総じてもつて存知せざるなり。

（同八五三頁）

と示されています。それは、愚禿の存在である私（親鸞自身）は、良いとか悪いとかわからないと言われるのです。そしてその理由として、

そのゆゑは、如来の御こころに善しとおぼしめすほどにしりとほしたらばこそ、善きをしりたるにてもあらめ、如来の悪しとおぼしめすほどにしりとほしたらばこそ、悪しさをしりたるにてもあらめど

（同）

と言われています。すなわち、仏様がわかるように、良いものは良い、悪いものは悪いとわかるのであれば、「善は善」「悪は悪」と知ることができるけれども、人間が知ることができる「善と悪」は、それは仏が知る完全な「善と悪」ではなく、不完全な「善と悪」に過ぎないのです。いわば、仏様と同じような判断ができれば、「善悪」がわかるけれども、人間（私）が判断する「良いこと・悪いこと」は、本当に「良いこと」なのか「悪いこと」なのかはわからないのだと言われるのです。そして、

煩悩具足の凡夫、火宅無常の世界は、よろづのこと、みなもつてそらごとたはこと、まことあることなきに、ただ念仏のみぞまことにておはしますとこそ仰せは候ひしか。（同八五三・八五四頁）

と示されています。人間の世界はすべて火宅無常の世界であって、真実なるものはまったくないのであって、真実なるものは念仏以外にはないのだと言われてい

るのです。この『歎異抄』に明かされる「念仏のみまこと」の理解は、聖徳太子の言葉として伝えられている「世間虚仮唯仏是真《せけんこけゆいぶつぜしん》」と同じ意味と理解することができると思います。聖徳太子の奥様であった橘太郎女《たちばなのいらつめ》が、聖徳太子が亡くなってから太子の言葉を「天寿国曼荼羅繍帳《てんじゅこくまんだらしゅうちょう》」という今日で言えば、タペストリー（壁掛け）を作られて、そこに太子の思いを記されたのではないかといわれています。聖徳太子と親鸞聖人の間には、五百年ぐらいの歴史的時間差があります。聖徳太子の「世間虚仮唯仏是真」という言葉は、鎌倉時代にはまだ世に知られておらず、当時の一般的知識として聖徳太子がこの言葉を残されたということは誰も知らなかったのです。それゆえ、親鸞聖人もご存じなかったと考えられます。にもかかわらず、「念仏のみぞまこと」という言葉と「世間虚仮唯仏是真」という言葉の意味は時間を超えて、「仏のみが真実である」という考えとして共通しているのです。いわば、真実に対する思いが、時間を超え歴史を越えて聖徳太子と親鸞聖人に顕現しているのではないかと思われます。

3　慈悲の三縁

ところで「慈悲」という言葉についてですが、曇鸞大師の『往生論註』に慈悲についての理解が示されています。すなわち、

慈悲に三縁あり。一には衆生縁、これ小悲なり。二には法縁、これ中悲なり。三には無縁、これ大悲なり。（『七祖篇』六一・六二頁）

です。曇鸞大師は慈悲に、無縁としての大悲・法縁としての中悲・衆生縁としての小悲の三種類があると言われています。このような三種の慈悲をわかりやすく現代のいい方で考えると次のように言えると思います。「小悲」は、情的慈悲です。すなわち、人間としての愛、いわば親や兄弟の人間愛などです。人間の愛についてもっとも顕著なのは親の子に対する愛であろうと思いますが、なかでも、

もっとも端的なのは母の愛であろうと思います。私の母親が昔いった言葉ですが、それは「親というものは子供のためなら鬼にもなれる」です。ちょっとどきっとする言葉ですが、おそらく母親はそれこそ心を「鬼」にしなければならないようなことがあったのだろうと思います。それゆえ、子を思う親心がこのような表現になったのであろうと思います。いわば、人間の愛は一面、「狂気の側面」を持っているとも言えると思います。かつて、テレビのニュースを見ていたら、父親が子供を虐待して、子供が亡くなったというニュースがありました。その事件を解説していた人たちのなかの意見に、父親が完璧主義者で子供の教育をきちっとしなければならない、それの裏返しではないかと。子供に完全な教育をしなければならないのにできないのです。それがエスカレートしていくうちに、結局子供が亡くなったのではないか、という説明でした。親は自分が正しいことをしていると思い込んでいるのですが、そのことが子を死に至らせたのです。このような親の在り方を思いますと、親の愛のみならず、人間の愛には、一面、狂気と言うものを含んでいるのではないか、と思います。

「中悲」は、「知的な慈悲」です。それは人類愛といういい方もできるのではないかと思います。インドで貧民救済のために活動したマザー・テレサのような行いはなかなかできないかと思います。社会の底辺で生きざるをえない、名もなき多くの人々を救おうとする、そのような行いを言うのではないかと思います。また、アメリカの黒人解放運動で有名なキング牧師の言葉に「I have a dream（私には夢がある）」があります。それは、自分の親子、兄弟だけではなく、アメリカにおけるアフリカンアメリカンの人々を差別から解放しようとする普遍的な形で人々を救おうとするあり方です。それからテレビのニュースで見たのですが、明日の食事も困っているおじいさんが自分の飼っている犬の足を傷つけ、街頭で「交通事故にあったかわいそうな犬です。お恵みをお願いします。」ということをされていたというものです。現代は、自分で飼っている犬を傷つけたりすると動物虐待として法律的に許されないわけですが、自分が飼っている犬を傷つけたことが発覚したおじいさんは警察に捕まり、飼い犬は保健所に引き取られたという事件のテレビ報道がありました。それからしばらくして、ふと何気なくではありますが、「そういえばあの後、引き取られた犬はどうなったんだろうか」と思いました。犬は一定期間引き取り手がなかったら殺処分されるということだそうです。それゆえ、だれも引き取り手がなかったなら、その犬は殺処分されるのです。その事件のニュースが流れた中で街頭インタビューがありました。皆さん「犬がかわいそうだ」「おじいさんはひどい人」だと、誰しもが答えていました。当然の答えであろうと思います。しかし、どうなんでしょうか。よく考えてみると、飼い犬の虐待を警察に知らせたおかげで犬は死なきゃいけないということになっていないだろうか、ということです。多くの人が犬が「かわいそうだ」といってるのですが、その先、犬はどうなるのか、誰も思いを致そうともしない、ということかも知れません。飼い犬の虐待のニュースが報道されて、しばらくたってから、保健所に一時保護された犬のことについてその後どのようになったかの報道があり、その犬はニュースになったこともあったためか、新たな飼い主が申し出られたということでした。

このような現実の一事象は、われわれは傷つけられ、虐げられているものに対して、かわいそうだ、と一般的に思っているのですが、しかし、かわいそうだと思う背後に、もしかしたら犬が死ななければならないという見えない世界があるのではないか、ということを教えているのではないでしょうか。われわれが知らない無明の世界があるということです。人間が、ごく一般的に持っていると考えられる、やさしさの心の奥に実は隠された無明の世界をもっているのではないか、と思われます。このような「小悲」「中悲」は、いわば基本的には人間がもつ愛もしくは慈悲のこころのあり方であろうと思います。このような人間のもつ憐れみの心は、一面、人のありようとしてだれしもが願い、望むことのようにも感じられます。

それでは、親鸞聖人は慈悲について、どのように受けとめておられたのでしょうか。親鸞聖人は自らのありようについて、

悲しきかな愚禿鸞《ぐとくらん》、愛欲の広海《こうかい》に沈没《ちんもつ》し、名利の大山《たいせん》に迷惑して、定聚《じょうじゅ》の数に入ることを喜ばず、真証の証に近づくことを快《たの》しまざることを。恥づべし、傷むべし

（『註釈版』二六六頁）

と述べられています。それは、自身のことを悲しき存在と明かされ、その理由について、自身はまさに煩悩に覆われた存在であり、自己中心以外の何物でもないと独白されているのです。そのような煩悩の存在である、自我中心の人間の慈悲というものは、どのような慈悲なのでしょうか。そこに見られる慈悲のありよう

は、いかに末通らないものであるか。それは、先に見た『歎異抄』の聖道の慈悲の姿として親鸞聖人は見られていたのではないかと思われます。

4　無縁の大悲

さてそれでは最後に、慈悲の究極として曇鸞大師が示した第三の大悲、すなわち「無縁の大悲」について見ていきたいと思います。ところで、親鸞聖人が正依の経典とされた「大経」には、阿弥陀仏は十方のすべての人々を救うと誓われています。その仏の救いについて「浄土和讃」には、

十方微塵《みじん》世界の　念仏の衆生をみそなはし　摂取《せっしゅ》してすてざれば　阿弥陀となづけたてまつる　（同五七一頁）

と讃嘆されています。すなわち、仏とは迷える衆生を摂取して捨てることがないからこそ、阿弥陀仏であると明かされています。そして、「摂取」について、

摂《おさ》めとる。ひとたびとりて永く捨てぬなり。摂《しょう》はものの逃ぐるを追はへ取るなり。

（同頁下段）

と示されています。仏について、煩悩の衆生をいったんすくい取れば捨てることがない、それが摂取するあり方だと理解されています。しかもその仏というのは覚りから逃げ回っている人間に対して、仏様の方から追っかけてきて捕まえて救おうとすると言うことです。それが阿弥陀仏のあり方だと理解されています。このような理解から、阿弥陀仏という仏は活動している仏であり、まさに衆生を追っかけてきて、煩悩にまみれたわれわれを救おうとされているのであり、常に動いておられる姿として親鸞聖人は見ておられるということです。それは「正信偈」に「大悲、倦《ものう》きことなくしてつねにわれを照らしたまふ」（同二〇七頁）と明かされることでもあります。そしてさらにいえば、このような救いのありようを端的に明かしているのは『大経』の十八願ということになります。では、十八願

はどのように理論的に理解することができるのでしょうか。第十八願は、

たとひわれ仏を得たらんに、十方の衆生、至心信楽して、わが国に生ぜんと欲ひて、乃至十念せん。もし生ぜずは、正覚を取らじ。ただ五逆《ごぎやく》と誹謗《ひぼう》正法とをば除く。（同一八頁）

です。それは、仏は衆生が浄土に生まれなければ覚りません、といっています。現代は、仏がわかりにくい時代になっていると言えるだろうと思いますが、妙好人と讃えられる讃岐の庄松さんが、仏壇に安置されていた絵像の阿弥陀様を、暑かろうから涼んで欲しいと風通しのよい縁側の廊下に下げられたという話が伝わっています。一昔前は、庄松さんのように、仏は生きていつもそこにおられるように実感されたけれども、現代人にとって、今や仏は遥かに遠い存在になっているのだろうと思います。このように身近に感じられない今日のわれわれにとって、仏を別のいい方で表現すると、仏は「絶対」的存在であり、衆生は「相対」

的存在ということができるであろうと思います。このように踏まえた上で、この十八願文が示している阿弥陀仏を信心し念仏する衆生の関係性は、「絶対」の仏は、「相対」である衆生が、「絶対」の仏にならない限り、仏は「絶対」になりません、と誓われているということができます。このことをいささか理屈っぽくなりますが論理的に表現すると、絶対（仏）は相対（衆生）がある限り絶対（仏）といえません。すなわち、すべてを絶対（仏）にしなければ絶対（仏）は絶対（仏）といえないと言うことです。このことは、絶対（仏）は相対（衆生）が絶対（仏）にならなければ絶対（仏）になりえないということであり、それゆえ、絶対（仏）は常に相対（衆生）を絶対（仏）にしようと働くということではないか、と思います。このような絶対と相対の関係性は論理的必然であり、だからこそ、親鸞聖人が「摂取」について「ものの逃ぐるを追はへ取るなり」と示される理解のように、仏は衆生を何とかして仏にしようとして追っかけてくると言われるのではないかと思われます。いわば、仏は衆生を仏にしようと絶えず働きかける存在であると言うことであろうと思います。その具体的な顕れが親鸞聖人が理解された浄土真宗であり、その具体相である二種の回向であり、往相としての教行信証であり、その果としての還相回向ということではないかと思われます。

本日のお話のタイトルである「縁なき衆生は度しがたし？」というのは、世間の一般論としては、いわれることかも知れませんが、浄土真宗では成り立たないということになると思います。いわば浄土真宗で明かされる、仏とは、仏自らが絶えず働きかけをしていると言うことであり、「縁なき衆生をも救う」働きをする仏が、親鸞聖人がとらえられた「阿弥陀仏」の実相であると言えるのではないかと思います。

以上、拙い話になりましたが、時間になりましたので、これで終わらせていただきます。ご静聴ありがとうございました。

一八　半身の死を生きる

はじめに

本日は、龍谷大学の報恩講ですが、コロナ禍の影響で、例年とはいろいろな部分で少し変わった形になっています。壇上から見える景色もソーシャルディスタンスの関係で様子が通常とは変わっています。また講演の時間も、これまでの半分程になっていますので、早速内容に入っていきたいと思います。

1　半身の死

今日の講演のタイトルは、ちょっと変わったタイトルだと思われているかもしれませんが、私と谷本光男先生[1]とが対話をして出版した共著のタイトル名[2]です。

書名にある「半身の死」とは、谷本先生が病によって半身不随になられたご自分のことを自己規定された言葉です。本のタイトルを決めるときに、最初、二人で話をしていて、この言葉を考えたときに「この言葉、使ってもいいのかなぁ…」という思いがありました。しかし、この言葉は他の誰かに対していう言葉ではなく、先生がご自分のことを規定しておられる言葉ですので、最終的には本のタイトルとして使うことになりました。

ネイティブアメリカンの教えと仏教

それでは最初に何故このような企画をし、本にしようと考えたのか、という動機についてお話したいと思います。

ところで、よく耳にする人生訓として、次のような言葉があります。

あなたが生まれたとき、
あなたは泣いていて、周りの人たちは笑っていたでしょう。
だからいつかあなたが死ぬとき、
あなたが笑っていて、周りの人たちが泣いている。
そんな人生を送りなさい。

皆さんもどこかでお聞きになったことがあるかと思います。最初は、有名な方が言われた言葉なのかと思っていましたが、実は、この言葉を伝えているのはネイティブアメリカンです。少し前まではインディアンと呼ばれていた人々です。私がいだいていたネイティブアメリカンのイメージは、弓を持って馬に乗って、荒野を駆け回っているような、そんなイメージしかありませんでした。だからこの人生訓がインディアンの世界で伝承されている言葉だと知ったときには、いささか驚きました。

この人生訓には、「生」―生まれること、「死」―死ぬこと、が説かれています。その後に、「そんな人生を送りなさい」と、「生」と「死」の間にある「人生」の生き方について説かれています。

仏教では、「生」と「死」の間に「老いること」「病気をすること」が入って、人生は「生老病死」であると説かれています。親鸞聖人も、「生死出づべき道」を求められた方です。ずいぶんと昔ですが、私も「親鸞聖人の生死観」に関する論文を書いた記憶があります。

しかし、仏教・真宗の勉強をしながらも、自分の心の中で、ずっと何か鬱々と引っかかるようなものがありました。ネイティブアメリカンは「生」と「死」の間の「人生」について、「そんな人生を送りなさい」といわれるように、いわば人生の歩むべき姿を問題として取り上げるのに対して、仏教では、「老」「病」ということについて、あまりハッキリと直接的には説かないのではないだろうか、

「生き方」を具体的に問題とする機運が希薄なのではないか、という印象を持っていたのです。

もっとも、近年はさまざまな形で「老」「病」に取り組んでいる方々が沢山おられます。それでも、まだまだ十分ということではないでしょう。そういう思いが私の一番根底にあって、そのことが、このような企画の本を考えようとした動機であります。

2 谷本先生の病

さて、具体的なことがらですが、谷本先生は、平成一六年（二〇〇四）の七月六日、大学での会議中に脳卒中で倒れられました。そこから半年間、リハビリに励まれたのですが、右半身が不自由になってしまわれたのです。

先生は、脳の奥にある視床というところを損傷されました。私が先生に、「その視床というのは、どういうはたらきをする部分なのですか？」と聞いたところ、次のように説明されました。

おそらく、関西の人であれば、すぐにピンとくるだろうと思うのですが、阪急電車に十三という駅があります。十三は、神戸・大阪・宝塚・京都など、関西にある主要な場所に行く際に中継となる駅です。視床が傷ついたというのは、たとえるならば脳の中の十三駅のような役割をする部分が傷ついたようなものなのだそうです。

路線同士の連絡が上手に取れなくなったように、身体の主要なところとの連絡が上手に取れなくなった、という説明をしてくださいました。

先ほど申しましたように、仏教では「生死」については問題にしても、「老」や「病」について具体的に、一つのテーマとして問題にする機運が希薄であるように感じていたので、先生はリハビリの継続中ではありましたが、ともあれ大学に復帰された谷本先生と、そういうことについて話をし、いろいろ教えて欲しいと思いました。

二〇〇七年になって、事前に先生と相談した上で、質問項目をリストアップいたしました。親しいからこそ、普通はなかなか聞き難いようなこともお聞きしようと思っていると、質問項目は結構な数になりました。脳出血の具体的な事柄・病院の生活、闘病・日常生活の変化、家庭での変化・職場での変化、社会活動の変化等の項目をリストアップし、それから更には、死の意味とか命の意味・生きるということの意味などです。そして、先生ご自身が哲学を専攻された方であり、特に倫理学を専門としておられたので、現代における医療技術について・社会システム・環境問題など、また、学者としての立場から、倫理学の役割について、そしてそれは、病を得られてからの立場から見た場合は今までとは違っているのか、そういうことを質問項目として挙げました。

先生がよく強調される言葉に「寛容」という言葉があります。相手を許すということです。これからの時代は、やはり「寛容」という言葉がキーワードになるんじゃないか、と先生は度々言っておられましたので、そういうことについても質問したいと思いました。

そして、私の専門である真宗学という立場もありますので、宗教の意味についてもお聞きしたいと思っていました。谷本先生は広島県のご出身です。その影響もあるかも知れないとご自身で言われていたのですが、親鸞聖人について意外と関心をお持ちでありましたので、どのように関心をお持ちなのか、そのようなことについてリストアップしていきました。

そして、そのリストを先生にお渡ししました。しかし、お渡ししてすぐに話をしたわけではなく、そこからお話しするまでに半年以上の時間を取り、ようやく二〇〇八年にリストに挙げたテーマを基に話をいたしました。

3　谷本先生との対話

大学の授業も終わり、夏休みに入る頃の二〇〇八年七月三〇日から八月二日の四日間、一日に四～五時間の間、谷本先生の研究室で録音をしながら、二人で対話をしました。

ちなみにタイトルにあります「半身の死」はその対話の中で言われた言葉です。自分の体の半分の死、半分がもう死んでるもののようにしか思えない、という意味で言われたのでしょう。

ところが、その対話のすぐ後に『半身の死を生きる』の本が出たわけではありません。実際にこの本が出たのは二〇一六年の一月です。対話が行われてから八年後になります。

というのも、私の方が短期大学部から文学部に移籍をするというようなこともあり、さまざまなことで、いささか多忙になり、編集を行う時間がなかなか取れませんでした。また、録音したテープは二〇時間以上もありましたから、そのテープを文字に起こすというのもかなり大変な作業です。学生さんにも頼んでいましたが、なかなか進まないということで、あっという間に時間が経ってしまったのです。

しかし、二〇一六年の三月に谷本先生が早めに龍谷大学を退職されるということになりました。それで「ならば記念に！」と思いまして、急ピッチで作り上げたのです。実は、この本の一番最初に、小さな字で「龍谷大学退職を記念して」ということが書いてあります。

その後、谷本光男先生は二〇一七年一〇月一八日に亡くなられました。ご遺骨は先生の希望によって大谷本廟の龍谷大学の納骨堂に安置されました。

この本の表紙には「「哲学」を学ぶ者と、「真宗」を学ぶ者との対話」と書かれているように、決して「対談」ではありません。「対談」はお互いが自己の見解にもとづいて問題を議論するということだろうと思いますが、この度の「対話」は、わたしが谷本先生から、先生ご自身の思いをいかに引き出すことができるか、それが今回の「対話」の主旨であり、私の役割でした。そのようなこともお伝えして「対話」を始めました。途中、「対談」のようになっているところもありますが、基本は谷本先生の思いを私がいかに引き出せるかどうかです。それが上手くいったかどうかは分かりませんが、私のスタンスとしてはそのような立ち位置で話を始めました。

4　さまざまな困難と二重のブロック

谷本先生が次のようなことを言われていました。先生は入院されて半年後に退院されるのですが、その入院している時に担当の医師から「学校の教員として復帰できますよ」と言われたのだそうです。

そして、先生は実際、大学に復帰されたのですが、しかし、そこには想像を絶する困難があったということです。いくつか申し上げたいと思います。

学校では、毎日かなりの量の書類がメールボックスに届きます。封筒に入った大きいもの小さいもの、さまざまなものが届きます。これが、右半身が使えなくなると大変なのだそうです。対話のために研究室に行くと、最初に突然「右半身が使えないと、封筒を開けることがいかに困難か、わかりますか？」と言われました。

そこから先生は「こういう風に今はやっているんです」と、実際にやって見せてくれました。正直に言って、これまで、私は封筒を開けることが大変だなんて思ったことがありませんでした。今まで両手で開けていたその利き手が使えなくなると、封筒を開けるという作業がいかに困難で、さらにそこから書類を引き出すということがいかに大変なことか。それを実際に目の前でやって見せてくださったのです。それは、今でも私の脳裏に残っている光景です。

それから、谷本先生は復帰の初めの頃は大学に車椅子で来られていました。そうすると、学生さんたちが意外と気楽に「先生、車椅子を押しましょうか」と声をかけてくれたそうです。龍谷大学は随分前からバリアフリーに取り組み、「障害者に優しい大学」ということで力を入れてきています。おそらく、そういう大学の姿勢が学生さんにも浸透しているのでしょう。「それは非常に助かった」と話されていました。しかし、もちろんいい面ばかりではありません。まだ復帰されてまもなくの頃のことです。私は先生をお昼ご飯に誘いに行ったのですが、「嫌だ」と断られてしまいました。自分の姿を見られるのが嫌なのだということでした。と同時に、次のような話をされました。これも、なかなか当事者でないと分からない感覚だと思います。食堂に行くのも同じなのですが、日々の講義で、教室に行くのにエレベーターに乗って昇り降りしなければいけないところがあります。そのエレベーターの中に車椅子で乗ると、学生さんが全員私を見下ろして、そして私は見上げないといけない。これは感覚的な問題ですが、やはり嫌な気持ちを持つそうです。

それから、こんな感想も言っておられました。自分の半身が不自由になって、それまで学校の中で気さくに話しかけてくれてた人が、なかなか声をかけてくれなくなった。そんなことも言っておられました。この点について、

「今まで気楽に話をしてくれていた人は、私が今までと違う姿になったので、その私に嫌な思いをさせたら悪いから、という優しい気持ちから声をあまりかけてくれなくなったんじゃないかな。だから、優しさから声をかけてくれないのだろうと思う。」

ということを言っておられました。

それは先生ご自身が分かっておられることなのですが、分かっていてもやはり嫌だという思いはあったのだろうと思います。

ここには二重のブロックがあるのだろうと思います。一つは、障がいを持った人が持つ感情的に「嫌だ」という「嫌悪感のブロック」、そしてもう一つは、接する側が、今までと違う姿になった人に対して優しい気持ちを持つことで、それがかえって接することから遠ざけてしまうという「優しさのブロック」です。このように、両方の思いからの二重のブロックがあるのではないかなと思います。

5　絶え間ない痛み・感謝の想い

体が不自由になって車椅子を使うようになると、周りの人の世話にならざるを得ないときが出てきます。私は「当然そこには感謝の思いがあるのだろう」と勝手に思っていました。しかし、先生と話したときに驚くような発言を聞きました。

それは、最初は車椅子で近所を散歩したりしていたのが、そのうちに自分で杖をついて散歩できるようになった。杖をついて近所を散歩をしていると、顔見知りの近所の年配の女性の方が、先生に話しかけて来られて、そして何と言われたかというと、「いやあ、いつも奥さまがお世話をされて、感謝ですね。感謝しなきゃいけませんね」と、こんなことを言われたというのです。そして、その時に、先生自身はどう思ったかというと、「そんな感謝の気持ちなんてどこにもない」と思ったと仰ったのです。私はそれを聞いて、最初からの計画では、この録音テープはいずれ本に成って、ひょっとしたら先生の親しい方々も読まれるかもしれないのに、こんな内容を読まれたら申し訳ない、と思ったので、先生に「そうは言っても、少しは感謝があるのでしょう？」と何度も質問をしました。それでも先生は「感謝の想いはどこにもない」と仰られたのです。先生はなぜ感謝の思いは「ない、ない」と頑強に言われたのか、最初は理解できなかったのですが、このことについては、次の説明を聞いて納得いたしました。それは、脳の視床が傷つくと、視床痛という痛みがあるのだそうです。二十四時間三百六十五日、ずっと絶え間なく痛みがある。どんな痛みかと聞くと「正座をした時に足が痺れてジーンとするような鈍い痛み」と説明してくれました。それが二十四時間、頭の中にある。「そういう痛みがずっとあるような人間が感謝の思いなんて持てると思うか」、と逆に先生に聞かれました。「そんな余裕はない」と言われて、私は何かもうそれ以上は質問ができませんでした。そうして話が途中で終わりかけたのですが、私があまりにもしつこく言うものですから、先生は「感謝ということについては、これから少し考えてみたい」と仰ってその話は終わりました。

6 「わかる」ということについて

二人の対話がなされ、その後、日々の教員生活に追われながらも、変わらない付き合いが続き、ずいぶんと時間が経ってしまいました。そして、八年後にようやく本が出版された後のことになります。谷本先生には失礼を顧みず、聞きづらいことも遠慮なく、さまざまなことを聞きましたから、私は先生のことがよく理解できたと思っていました。

ところで、本を出版するにあたっては、学生さんにもいろいろお世話になったので、私と先生の二人で、出版に際して助力してくれた学生さんにお礼をしたいと思いまして、京都駅の上のレストランでささやかな会食を行いました。

食事が終わって帰る時のことです。先生はタクシーで帰られますので、私はタクシーのところまで送りましょうと言って、エレベーターで二階まで降りました。その後、私は無意識に一階に降りるエスカレーターの方に歩きはじめてしまったのです。そうしたら、谷本先生が後ろから「そっちは駄目」といわれました。「エスカレーターには乗れない」、と。ああ、そうかそうか、と方向転換してエレベーターの方に回って降りました。

私自身、先生のことが分かっているつもりだったのですが、本当のところは分かっていないのだな、ということを改めて教えられたような気がいたします。

7　対話の進展

ところで、「対話」について少し残念だったのは、「真宗を学ぶ」私にとって、先生と話したかった真宗に関するテーマまでは話が進展しなかったということです。たとえば「死」とか、それから、仏教・真宗に関係する「往生」とか「浄土」ということについて、自己の「死」に直面された先生といろいろ話をしたいと思っていたのですが、どちらかというと、先生ご自身が一番関心のある自分の身体・疾病に集中したような話題で対話が進みました。しかし、対話の二年後の二〇一〇年に『龍谷大学論集』(3)に「死」ついてのエッセーを発表されました。先生は対話の時にはなかなか話が進まなかった「死」というテーマについてもその後も考え続けられていたのです。そのエッセーは『半身の死を生きる』の第二部として転載しています。その中で、「死」について三つの問題に分けて書かれています。

一つ目は、「死は謎であるがそれはなぜなのか」という問題です。その答えは「残念ながらまだ私の結論は出ていない」ということでした。

それから二つ目は、「死の恐怖は何を意味しているのか。また死を恐れることは何に根拠があるのか」という問題。これについても答えは「残念ながら私にはまだ答えが見つかっていない」ということです。

最後の三つ目は、「死は悪いものなのか」という問題。そして、これについても答えは「残念ながら私にはまだ答えが見つかっていない」、と書いておられます。人間の究極の生死の問題は、誰しもが答えの出せない難しい問題だな、と改めて思っていることです。

8 「共生」と「響生」

谷本先生との対話を通じて私がどんなことを思ったのかというと、「対話をするという事は、相互に教え教えられることである」ということでした。

最近はどうか分かりませんが、一時期さまざまな場面で声高にいわれたことですが、龍谷大学でも、「共生」ということが盛んに言われたことがあります。

もう亡くなられていますが、黒川紀章という有名な建築家の方がおられました。この方が「共生」について話をされていたのを、たまたま見聞きしたことがあります。

もともとは浄土宗の椎尾弁匡《しいおべんきょう》という方が東海中学校の校長をしていたときに、仏教運動として共生運動を始められたそうです。丁度その頃に黒川紀章氏は生徒としてその中学校で学ばれていたようです。

しかし、私自身は「共生」という考え方には、なんとなく満足できないという思いがありました。

『歎異抄』の第九条で、親鸞聖人の教え子であった唯円という方が、先生である親鸞聖人と対話するシーンが出てまいります。唯円が、「念仏をするようになったけれども、喜びの心とか浄土に往生したいと思うような心が少しも出てこないんです」ということを、親鸞聖人に申し上げます。すると、親鸞聖人は、唯円の問いに対して「あなたもそうなのか、実は私もそうなのだ」と返答されるのです。そして、親鸞聖人の教示は、喜ぶべきことを喜ぶことができない人間のために如来の本願は立てられたのだから、唯円と親鸞の両者ともに喜べないという事実は、だからこそ本願は、いよいよ間違いがないのだ、ということを証明しているのだ、と逆説的に展開するのです。しかし今この対話で注目したいのは、先生と生徒、師匠と弟子との「対話」が行われていたことです。そこには親鸞聖人・唯円の両者に、相互に心に響くものがあったのではないでしょうか。

そういうところから、私は、共生の「共」という字は、本質的にはお互いの心に響き合う「響」であるべきだと思っています。「共」はお互いが存在するということを表しているだろうと思いますが、しかし「共」にはただ存在するだけであって、そこには動き・働きということが感じられないのではないかと思います。人間の在り方としては、生まれてこの方、人は「共に響いて歩み」「共に響いて生き」ているのであろうと思います。このような意味において、「共生」は「響生[4]」でなければいけないのではないかと思っています。

人間は、言葉だけでなく、行為や、その他ありとあらゆることで自分と周りとが何らかの形で響き合っています。一瞬たりとも、響き合うことを休むことはありません。私は、人間存在とは、そのような形であるものだと思っています。

谷本先生はもう亡くなられましたが、先生との話は、今もって私に響いています。そういう意味で言うならば、私は今も先生と「響生」しています。先生は、今も私自身にさまざまな影響を与えて下さっているのです。そう感じています。

時間が少しオーバーしてしまいました。これで私の報恩講の話は終わらせていただきたいと思います。ご清聴ありがとうございました。

註

（1）『半身の死を生きる』谷本光男　川添泰信共著　自照社出版　二〇一六年（平成二八年）

（2）谷本光男先生の略歴については、『半身の死を生きる』の著者略歴を参照してください。

（3）「死」『龍谷大学論集』谷本光男稿　第四七四・四七五合併号　二〇一〇年、本エッ

セーは『半身の死を生きる』に第二部として収載

（4）かつて『歎異抄』の親鸞聖人と唯円の対話について、「響感」は一般的には「共感」と書かれます。この「共感」の意味については、「他人の考え、主張、感情を、自分もその通りだと感じること、またその気持。同感」（『日本国語大辞典』第六巻一四八頁）といわれますが、ここでは相互に相手の心情をくみ取り、人間存在の根源において、ダイナミックに自身および相手に影響を与える意味において、あえて「響感」という造語を使用しました、と書いたことがあります。同じ意味において、日本語としては不適切かと思いますが「響生」の造語を用いました。

出典

一　未来に残すべきもの
　　宗教増刊『仏教家庭学校』
　　平成一三年（二〇〇一）五月三〇日

二　彼岸会に先祖を思う
　　『仏教家庭学校』第四二巻
　　平成一六年（二〇〇四）三月一日

三　一向専修ということ
　　『仏教家庭学校』第四三巻
　　平成一七年（二〇〇五）九月一日

四　「ありがとう」のかたち

『仏教家庭学校』第四五巻
平成一九年（二〇〇七）九月一日

五　二河白道の教え―確かな生き方―
『仏教家庭学校』四八巻五号（通巻二八七号）
平成二二年（二〇一〇）九月一日

六　信心をうれば暁になるがごとし
『仏教家庭学校』四九巻六号（通巻二九四号）
平成二三年（二〇一一）一一月一日

七　よるひるつねにまもるなり
『仏教家庭学校』五一巻一号（通巻三〇一号）
平成二五年（二〇一三）一月一日

八　優しい光

『仏教家庭学校』第五二巻五号（通巻三一一号）
平成二六年（二〇一四）九月一日

九　世の盲冥をてらす
『仏教家庭学校』第五四巻二号（通巻三二〇号）
平成二八年（二〇一六）三月一日

一〇　大悲の梵声
『仏教家庭学校』第五七巻一号（通巻三三六号）
平成三一年（二〇一九）一月一日

一一　「おくりびと」は「オクラレビト」
『仏教家庭学校』第五八巻四号（通巻三四四号）
令和二年（二〇二〇年）七月一日

一二　真如一実の信海なり

『宗教』通巻第三八二号
平成五年（一九九三）一二月一日

一三　二種深信
『宗教』通巻第三九八号
平成七年（一九九五）四月一日

一四　普賢の徳
『宗教』通巻第四一八号
平成八年（一九九六）一二月一日

一五　師と弟子―『みちびき』と『とぶらい』
『こうけう　光暁』八〇号　宮崎教区報
平成二二年（二〇一〇）九月一日

一六　親鸞の師弟像の背景

『めざめ』会誌六六号　中央仏教学院通信教育教育同窓会広島支部
令和二年（二〇二〇）一月一日

一七　縁なき衆生は度しがたし？
『法の友』（同窓会誌）第六九号　中央仏教学院通信教育同窓会
令和二年（二〇二〇）一〇月一日

一八　半身の死を生きる
『そのままの救い』りゅうこくブックス　No.一三五
令和三年（二〇二一）一〇月一八日

川添泰信　（かわそえ　たいしん）
略歴
1949年　　宮崎県出身。
1977年３月　龍谷大学大学院文学研究科真宗学専攻博士後期課程単位取得満期退学
2018年３月　龍谷大学を定年退職（現在、龍谷大学名誉教授）
専攻分野　真宗学。

【著作】
『犀の角』―世界に拓く真宗伝道―（共編）永田文昌堂（2005年）
『聞思のこころ』自照社出版（2006年）
『親鸞浄土教と師弟像』自照社出版（2009年）
『高僧和讃講讃』永田文昌堂（2010年）
『半身の死を生きる』（共編）自照社出版（2016年）
『イラストで知る浄土真宗』（監修）洋泉社（2017年）
『愚禿のこころ』永田文昌堂（2018年）
『うちのお寺がよくわかる！　図解浄土真宗』（監修）洋泉社（2019年）
『選擇註解鈔講述』永田文昌堂（2019年）
ほか論文・教材・記事など多数。

響生のこころ

2022年12月20日　第１刷発行

著　者　川添泰信
発行者　永田　悟　京都市下京区花屋町通西洞院西入
印刷所　亜細亜印刷株式会社　長野市大字三輪荒屋1154
発行所　創業慶長年間 永田文昌堂　京都市下京区花屋町通西洞院西入
電　話（075）371－6651番
ＦＡＸ（075）351－9031番
振　替　01020－4－936

ISBN978-4-8162-6259-3 C1015